教室で行う特別支援教育 5

特別支援教育を進める学校システム

河村茂雄・高畠昌之

図書文化

はじめに

　平成19年度，通常学級においても特別支援教育が本格的に開始されました。
　そのなかで，個別支援と一斉指導を統合した学級経営を行い，よりよい成果をあげている学級があります。反対に，担任教師1人の対応にはどうしても限界が生じ，校内組織での支援を必要としている学級があります。
　そして，後者のような学級の先生方から，校内組織での支援がうまく機能しておらず，学級経営が困難になっている，という相談が数多く寄せられるようになりました。
　特別支援の必要量が多い学校や，安定した学級集団の育成がむずかしい学校の場合，担任教師1人だけで十分に学級に対応していくことはできません。機能的な校内組織によるバックアップは必須なのです。しかし，その組織づくりがむずかしいのです。
　そこで，広く学校現場の先生方に，校内組織の支援がうまく機能したうえで，各担任の先生が学級経営に適切に取り組めている例を紹介できないものかと実践例を探していました。つまり，通常学級での特別支援教育を推進していくモデルとなる学校です。
　通常学級の中に特別支援教育をしっかりと根づかせ，一定の成果をあげていくためには，今までのやり方をブレークスルーする，新しい学級経営や教育実践，それを展開する校内組織，その中での教師の取り組みが必要です。従来通りの，オーソドックスな学校教育の展開を考えていくだけでは，それはむずかしいと思います。
　本書で紹介する釧路市立愛国小学校の取り組みの中には，特別支援教育を「特殊なこと」としてではなく，「通常の教育活動」に位置づけ，特別支援が必要な子どもも含めたすべての子どもたちの学級生活の満足感を高めるような学級経営の進め方，そしてそれを支える校内組織体制・システムの構築の仕方のヒントがたくさんあると思います。

本書が，よりよい教育実践を求めて試行錯誤している学校の先生方にとって，取り組みを進めていく上でのたたき台になれば幸いです。
　最後に，愛国小学校の先生方と子どもたちに感謝を申し上げます。そして，本書を出版する機会とたくさんの支援をいただいた，図書文化社出版部の渡辺佐恵さんに，感謝の意を表したいと思います。

　　平成19年晩秋
　　教員採用試験の合格の報告にくる学生たちの笑顔を見つめながら

　　　　　　　　　　　　　　　　　　　　　　　　　　　　　河村　茂雄

CONTENTS

特別支援教育を進める学校システム
~チームで学級経営を支える校内体制づくりの実際~

はじめに

第1章 通常学級で特別支援教育を推進するとは
1 通常学級で特別支援教育を推進するためのポイント 8
2 特別支援教育推進のモデルとなる学校 12

第2章 特別支援教育を推進するモデル
1 愛国小学校の特別支援教育の全体像 18
2 モデルの特徴 20
3 特別支援教育の考え方 24
4 校内体制 26
5 実行システム 30
6 システムづくりへのこだわり 32

――― 実践のための提言① ―――
特別支援対象児の学級適応感と学級状態との関連 36

第3章　アセスメントの実際

1　アセスメントの目的　42
2　アセスメント3点セットの実施　46
　　1）楽しい学校生活を送るためのアンケートQ-U
　　2）児童理解表
　　3）支援別表
3　アセスメント結果の活用　56
4　校内の共通尺度づくり　60

───── **実践のための提言②** ─────
　各学校における共通尺度のつくり方　64

第4章　アクションの実際

1　アクションの目的　72
2　担任中心のアクションの実際　74
　　1）全員と個人面談を行う
　　2）学級集団の状態を検討する
　　3）個別支援シートの作成
3　チームを中心としたアクションの実際　78
　　1）適応指導委員会によるチーム支援
　　2）専門家チームとの連携
4　学校全体でのアクションの実際　80
　　1）教師の行動課題の確認と学期ごとの反省・評価
　　2）学級経営案の見直し
　　3）生徒指導事例と指導内容の交流

第5章 学習会の実際

1 学習会の目的　86

研修ノート

アセスメントは何のためにするのか　88

アクションにつながるアセスメントのポイント

① 「原因探し」ではなく，「解決志向」で考える／リソースを見つけたら，かかわりを仕掛ける　90

② 不適切な行動が起きている「関係」をみる／「不適切な行動」へは淡々と対処する　94

③ 「人格」でなく，「行動（スキル）」をみる　98

④ ゴール設定（行動課題）は適切か　100

第6章 データでみる変化

1 学校全体の結果　104

2 ある学級の変容例　108

第7章 各学校が乗り越えるべきポイント

1 特別支援教育の推進がうまくいかない学校の問題点　114

2 校内組織・システムの改革の必要性　120

おわりに

Column

1 「ピア・サポート」と「ピア・プレッシャー」　22

2 教師の行動モデルと「学級世論」　23

3 特別支援部の立ち上げ　29

4 1次支援の子どもの気持ち　47

5 集団の「4つの落とし穴」　59

6 自分勝手な「子ども理解」にご用心　89

第1章

通常学級で特別支援教育を推進するとは

通常学級で特別支援教育を推進するためのポイント

　平成19年度より，特別支援教育が本格的に施行され始めました。通常学級においても，発達障害などの特別な教育支援ニーズをもつ子どもたちに対して，個に応じた教育支援を積極的に行うことが推進されています。

　しかし，特別支援教育を「特別なこと」としてではなく，「通常の教育活動」にしっかり位置づけて，一部の子どもたちだけでなく，すべての子どもたちの学級生活の満足感を高めるような効果につなげている学校は，残念ながら多くはないと思います。そのほとんどは，特別支援教育と通常の教育活動とが乖離したまま存在していて，ただ同じ教室で展開されているという感じなのです。特定の教師たちに過重な負担をしいながら，一斉指導に加えて何とか個別対応を行っているというケースが，ほとんどではないでしょうか。

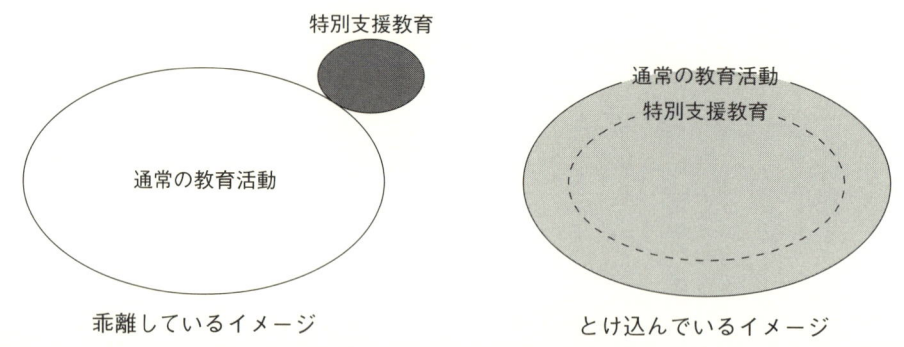

　特別支援教育を通常の教育活動にしっかり位置づけて展開していくためには，学校全体でクリアしなければならない，いくつかのポイントがあります。しかし，それがとてもむずかしいのです。

今までの教育活動にしっかり位置づけて，特別支援教育を通常学級で展開するためには，次の３つのポイントを押さえることが必要です。
- １）通常学級で特別支援教育を推進させる学級経営の展開
- ２）チーム支援をするための校内体制の確立
- ３）１）と２）の統合したシステムの確立

一つずつ具体的に説明していきましょう。

1　通常学級で特別支援教育を推進させる学級経営の展開

通常学級で特別支援教育を推進していくためには，特別支援を必要とする子どもへの「個別の対応」を考えただけでは，実は不十分です。特別支援が必要な子どもも，そうでない子どもも，学級のすべての子どもたちの学級生活の満足感を高めるような「学級経営の展開」が求められます。

しかし，各教師はがんばってはいるものの，次のような状態に陥ってしまうことが少なくありません。
- ○個別支援に時間がとられ，一斉指導の水準が低下し，学級全体の子どもたちの学級生活の満足感が低下する
- ○一斉指導に時間がとられ，個別支援が十分できず，特別支援が必要な子どもの学級生活の満足感が低下する

こうなると，個別支援と一斉指導はマイナスの影響を与え合い，子ども同士の人間関係はギスギスとして，学級集団の状態には荒れが目立ってきます。

これを防ぐためには，学級の子どもたち一人一人の状態，ならびに学級の集団としての状態を適切に把握し，個別支援と一斉指導のバランスをとりながら，計画的に集団育成をしていくことが求められます。個別支援と一斉指導を一体化する学級経営の方法が，切に求められるのです。

> ★特別支援教育を推進させる学級経営のポイント
> ○学級の子ども一人一人の状態と，集団の状態を把握する
> ○個別支援の必要量を把握する
> ○集団育成の基本的な方法論と集団の状態に応じたアレンジの仕方をもつ

以上は，当該学級の担任だけでなく，校内の全教員に共通理解されていなくてはなりません。その方法として，校内で共通の測定尺度をもつことが効率的です。

2 チーム支援をするための校内体制の確立

①校内でチーム支援を必要としている学級の把握

　1で述べたような学級経営の展開のすべてを，学級担任1人だけで行うことができるとは限りません。教室をよく抜け出してしまう子どもがいるなど，個別支援と一斉指導を同時に求められる場面が多発する学級では，校内のほかの教師による応援が欠かせないからです。チーム支援が必要になってきます。

　チーム支援が必要な学級は，学級の子どもたちに対する「個別支援の必要量×一斉指導の必要量」が，担任教師1人でできる範囲を超えています。そのような学級をどう把握し，どのように校内体制を組むか，手順と方法がしっかりと確立できていなければなりません。

　担任1人で対応できる範囲を超えている条件には，次のことがあげられます。これを校内で共通理解しておくことが必要です。

> ★**チーム支援が必要な学級の要件**
> ○特別支援の必要な子どもも含めて個別支援のレベルが高い子どもがいる
> ○個別支援が必要な子どもが複数在籍している
> ○学級集団の状態が悪い

②チーム支援のための校内体制づくり

　特別支援教育が本格的に施行されたといっても，現在のところ，学校に配置される教員数は従来と変わりません。チーム支援を行うには，校内の教師の配置，つまりどの学級にどのようなチームを組んで対応するのかという，各学校の条件にあった校内体制づくりが不可欠です。しかし，このようなチーム支援のための校内体制を確立できていない学校が多いのです。

　担任教師からSOSが出された場合に，特別支援教育コーディネーター役の教師や，その場で対応可能な教師が応援に回るというようなレベルの体制づくりが多くみられます。しかし，これでは，チーム支援の効果はなかなか上がりません。問題発生後の後追い対応になってしまうからです。

さらに，だれかが今までの仕事に加えてさらに特別な仕事をする形になるので，そのひずみが，時間とともに学校全体に広がってきます。学校現場には，状況に応じて柔軟に対応できる余裕をもつ，遊軍のような教師はいないのです。

したがって，「このような学級にはチーム支援を行う」という条件を校内で共通理解し，具体的な対応の役割と分担を，事前に校務分掌の中に位置づけておかなければなりません。この場合もやはり，共通の測定尺度や校内で定めた目安を活用して，次のことを校内で共通理解しておくことです。

> ★チーム支援を実現する校内体制づくりのポイント
> ○個別支援の必要量を把握する
> ○学級の一斉指導の必要量を把握する
> ―上記を総合して，チーム支援が必要な学級を把握する―
> ○チーム対応ができるように校内の校務分掌の役割分担を工夫する
> ○実際に行動できる体制づくりを進める

3 1と2を統合したシステムの確立

1で述べた学級経営の展開と，2で述べた校内体制づくりは密接にかかわっているうえ，学校現場では1と2をそれぞれに独立させて検討できるような時間はありません。そこで，1と2のポイントを，同時に効率よく実施できるようなシステムづくりが求められます。

総合すると，次の5つを同時に実行していくことが求められます。

> ★通常学級で特別支援教育を展開するための5つの条件
> ①学級内のすべての子どもの個別支援レベルを把握する
> ②学級集団の状態・一斉指導の必要量を把握する
> ③集団育成の基本的な方法論と集団の状態に応じたアレンジの仕方をもつ
> ④チーム対応ができるように校内の校務分掌の役割分担をする
> ⑤実際に行動できる体制づくりを進める

第2節

特別支援教育推進のモデルとなる学校

　私は前述のように，通常学級で特別支援教育を推進していくための5つの条件（P.11参照）を考え，『ここがポイント学級担任の特別支援教育―個別支援と一斉指導を一体化する学級経営』（2005），『Q-Uによる特別支援教育を充実させる学級経営―さまざまなニーズの子どもが共に育つ学級づくり』（2006）（ともに図書文化）を著し，問題を提起しました。

　しかし，5つのポイントを有機的に関連づけて取り組めている学校は，実際にそんなに多くはありません。①②③までは学級経営の問題であり，特定の能力が高い教師にはできることですが，④⑤は校内の組織の問題だからです。①②③と④⑤を統合するためには，「通常学級でも特別支援教育を推進することが必要なのだ」という意識を校内のすべての教師が共有し，その方向で校内組織づくりをして活動し，かつ，一人一人の教師の学級経営も同じ方向でレベルアップしていかなければならないのです。

　また，①～⑤を有機的に関連づけて展開し効果を上げている学校を，私はわずかながら10数校把握していますが，これらの学校でも，特別支援の対象になる子どもは校内に5人以内というケースがほとんどです。したがって，校内の組織は微修正をすればすむというレベルで，学級経営に関する研修を校内で徹底的に行って取り組むことで，一定以上の成果を上げることができています。

　これに対して，本当に苦労しているのは，特別支援の対象になる子どもが各学級に1人という状況に近い学校です。このような学校では，校内の組織も，微修正というレベルでは通用しません。大きな組織改革が求められます。

　そこで私は，組織レベルの改革までを行って効果を上げている学校がないか，

日本全国の教員研修会に参加させていただいた折に，学会で発表されている先生方とのつながりを通して探していました。もちろん，実証的なデータをきちんととってある実践をです。

1 熱い先生との出会い

　平成17年の夏の終わりに，私の著書を参考に，④⑤の校内の教員組織改革に取り組もうとしている先生に会いました。北海道の釧路市教育委員会社会教育主事，高畠昌之先生です。彼は，教育カウンセリングを活用して，学級経営や教育相談，生徒指導等の向上に取り組んでいるグループの中で，中心となって活躍している先生の1人です。

　私は「Q-Uを活用した学級経営」の研修会で講師を務めたあと，高畠先生からいろいろなお話を伺ううちにすっかり意気投合しました。閉塞的になってきてどこか疲れきっている教師が多い学校現場で，とても前向きな方でした。本で集めた知識で学校現場を語る評論家ではなく，現場の地道な取り組みを積み重ねてきた実践家だと感じました。

　別れ際に，1年間取り組んだ具体的な内容，さらには教師たちの手ごたえだけでなく，実証的な変容データを添えて報告してくれることを頼んで，釧路をあとにしました。

　そして，1年後，高畠先生から連絡があり，取り組んだ成果の報告を受けました。それが，本書で紹介する釧路市立愛国小学校の実践です。

　その成果と報告を見て，私は驚きました。各学級のQ-Uのプロットが，私の研究室で蓄積している数万のデータの中でも上位10％に入るレベルのものばかりだったからです。地道に取り組み，しっかり成果を上げたものでした。

2 愛国小学校の実践

　愛国小学校の実践が，通常学級で特別支援教育を推進していく際の，これからのモデルになると考えているのは，次の理由からです。
○特別支援教育が通常の教育実践の中にしっかりとけ込んで位置づいている
○校内の教師全員が組織的に取り組んでいる
○自校の条件の中で，マイベストで取り組んでいる

愛国小学校では，さきに述べた「通常学級で特別支援教育を推進していくための5つの条件」(P.11)に，次のように対応していました。
①学級内のすべての子どもの個別支援レベルを把握する
　Q-Uを活用して，すべての先生方が，共通のものさしで子どもを理解することに努めていました。また，愛国小学校の子どもたちの実態にそって行動レベルの共通チェックリストを作成し，「個別支援表」をもとにすべての先生が子ども一人一人の把握に努めていました。それらを定期的に実施していったことが，この実践の推進力になっていたのです。
②学級集団の状態・一斉指導の必要量を把握する
　Q-Uを活用して，すべての先生方が，共通のものさしで学級集団の状態を理解することに努めていました。①と同時に推進されていました。
③集団育成の基本的な方法論と集団の状態に応じたアレンジの仕方をもつ
　「Q-Uを活用した学級経営のあり方」をベースに，「関係のズレを埋める」という視点で検討会をまめに行い，すべての先生方が各自の学級経営をアレンジしていきました。
④チーム対応ができるように校内の校務分掌の役割分担をする
　本書が提案する特別支援教育の推進は，「予防的な取り組み」だといえます。しかし，忙しい学校現場では，そのような取り組みは後回しになりやすく，掛け声だけで，気がついたら取り組みが低調になっていたということは多くあります。愛国小学校は「特別支援部」を新たに校務分掌に位置づけて，日々取り組まざるをえない状況をつくって推進していきました。
⑤実際に行動できる体制づくりを進める
　まず，すべての教師が実行しなければならない「行動の枠組み（システム）」をつくってしまったところに特徴があります。掛け声だけにならないように，確実に取り組まれるようなシステムをあらかじめ用意したのです。そのうえで，みんなが動きやすい形で組織を整えていくというように，体制づくりを推進しました。

　さらに，愛国小学校の実践の素晴らしさは，①～⑤の内容にそれぞれ独立して取り組むのではなく，有機的に関連させて取り組んだことです。それによって，教師たちの仕事量が肥大化させずに進めていくことを可能にしました。

その背景には，全体を見通して計画を推進していったことと，教師同士の共通理解がしっかりできていたことが，とても大きいと思います。教師たちのチーム力の成果だと思います。

3 「知っている─やれる─できる」の違い

理屈では「わかっている」こと，知識としては「知っている」ことと，実際にそれを学校現場の中で「やれる」ということは，イコールではありません。

近年のさまざまな教育改革は，教育現場を「知っている」人たちが考え，理屈はこうだから「やれる」はずだと，学校現場におろしてくるものが多いような気がします。しかし，新たな一つのことを学校現場で「やれる」ようにするためには，さまざまなほかの条件と折り合いをつけることが必要です。理屈はそうでも，雑多な要因があって，スムーズにいかないということが学校現場ではとても多いのです。その折り合いをつけていくプロセスの中にこそ，経験に裏打ちされた教師たちの知恵や努力があります。その労力を顧みないで，次々と新しい提案を一方的におろされては，学校現場は混乱していきます。

さらに，「やれる」と「できる」とには大きな開きがあります。「やれる」とは型通りにいちおう取り組めるということで，「できる」とはいくつもの「やれる」を試行錯誤してみて，その中で特に成果の上がるやり方を見出し，そのやり方を精選して取り組めるということです。「やれる」では，まだ本当に意味のある取り組みとはいえません。現在の学校現場では，「やれる」を「できる」まで試行錯誤するような物理的な時間がない，というのが現状ではないでしょうか。

教育現場を「知っている」人たちは，すぐに学校に「できる」を求めているのではないでしょうか。その間が抜けているのです。そのことで学校現場は混乱し，多くの教師たちが多忙感を抱き，今までできていた教育実践までマイナスの影響を受けてしまうという，悪循環になっているという気がします。新たな提案は，「このように取り組めば成果が上がる」といういくつかのモデルを示しながらなされるべきだと私は思います。

現在，私の研究室が取り組んでいることは，多くの学校が悩んでいる「不登校」「いじめ」「学級崩壊」の問題に対して，このように取り組めば成果が上がるというモデルを，多くのリサーチの結果から抽出して，たたき台として提案するという活動です。通常学級で特別支援教育を推進していく愛国小学校のモデル

も，その中のひとつです。

　学校教育や教師たちに求められている内容は，急速に拡大しています。そして，一つ一つのことをなし遂げていくうえでの課題や障害も，確実に増えています。そのような中でも，しっかりした成果を上げたいと考えたとき，今までの取り組みに新たな取り組みをつけ足していくようなやり方だけをしていては，やるべきことが肥大化して，教師たちは燃え尽きてしまうと思います。

　現状をブレークスルーするような，校内組織のあり方，学級経営の工夫を大胆に取り入れて，教員がチームになって取り組まなければならないと思います。ヒーロー的な教師が１人でがんばる時代は，すでに去ったのだと思います。

　「愛国小学校」のモデルが，すべての学校でそのまま通用するとは思いません。このモデルをたたき台に，それぞれの学校に見合ったやり方を，ぜひともつくり上げてほしいと思います。

　しかし本書は，通常学級で特別支援教育を推進していくうえでのスタンダードになるモデルであると私は確信しています。

第2章

特別支援教育を推進するモデル

愛国小学校の特別支援教育の全体像

　特別支援教育を,「発達障害をもつ（あるいは疑われる）子どもに対して,個別支援をどう進めるか」に焦点化して考えている小中学校が多いと思います。

　愛国小学校では,特別支援教育をもっと広くとらえて,「学校生活で不適応を起こしているすべての子どもたちをどう理解し,支援していくか」を目的としました。つまり,発達障害があるかないかという判断にとらわれるのではなく,困っている子どもたちはすべて発見して,何とか救っていこうということを全教職員で共通理解したのです。

　また,個への支援だけではなく,「集団」へも目を向けて支援を考えていくことが大切だと共通理解しました。不適応を起こしている子どもへの個別支援だけをいくら行っても,所属する学級集団とその子どもの関係がうまくいっていなければ,不適応は繰り返されます。例えば,いじめやからかいが続くような学級で,個別支援だけをいくら行っても効果は上がらないでしょう。

　そこで,個人と集団の両方をアセスメント（評価,診断）するための共通尺度として「Q-U」（P.48参照）と「支援別表」（P.54参照）を用いました。また具体的な対応の手順をシステム化して,すべての教師が行動を起こせるようにしました。

　さらに,校内体制づくりを進め,特別支援教育コーディネーターを設置するだけでなく,学校全体の取り組みを推進する「特別支援部」という新たな校務分掌をつくりました。また,チーム支援を行うための組織である「適応指導委員会」を設置して,担任が集団づくりに力を注ぎ,個別支援ニーズが高い子どもへは適応指導委員会を中心に対応していく体制をつくりました。

第2章　特別支援教育を推進するモデル

愛国小学校の「特別支援教育」モデル

特別支援教育の目的をどう考える？

○すべての子どもたちが楽しく学校で過ごせるようにする
　全校児童が対象であり，必要に応じて必要な支援を行う
　そのなかで，発達障害の問題にも対応していく
○「不適応」を防ぐ予防的な取り組み

この目的を達成するにはどうする？

○「特別支援部」を校務分掌に新たに位置づけて
　学校全体で取り組む
○「子ども」や「学級」を理解するための共通の尺度をもつ
○すべての教師が行動できるシステムをつくる

取り組みの具体的な流れは？

(1) 全校児童に対するアセスメント3点セットを行う
　　不適応は子どもと環境の「関係のズレ」である
(2) 学級集団の状態を高めることから取り組む
　　担任は1次支援の子どもたちへのかかわりから始める
　　個別支援の計画はサポートチームが中心になって行う

第2節

モデルの特徴

「予防」こそ最大の危機管理

　愛国小学校の特別支援教育の取り組みは，子どもたちの不適応が起こりにくい環境をつくり，不適応が起きた時にはすばやく対応するという学校システムです。これは，特別支援教育だけでなく，より多くの今日的な課題に対応できる包括的なモデルだということができます。

　愛国小学校では，特別支援教育の取り組みをスタートさせる以前から，生徒指導の予防・開発的な面の向上をめざしてきました。

　めざす形を図にすると，次のようになります。「予防」の対策が練られているところでは，少ない対処ですむというわけです。

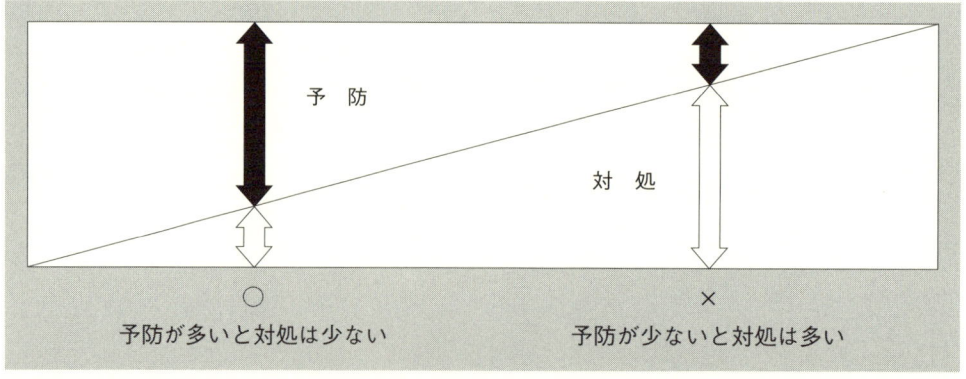

　予期せぬ出来事が起きた時も，予防的なシステムが整備されていれば，対処にかかる時間やエネルギーが少なくてすみます。すると，結果的に，教師の仕事量が減ります。そうすれば，一人一人の子どもに目を向ける余裕が増えます。

時間に追われ，毎日，多種多様な出来事が起きる学校で，教師は「対症療法」的に作業に追われているのが現実です。特別支援教育においても，そこを逃げ道として「学校は忙しい」「やることが多すぎる」「一人一人に対応するなんて無理」と考える人が多いことと思います。しかし，何か事件が起きた時に対処が後手に回ると，トラブルはどんどん大きく発展します。

　学級が騒がしくなり，「いじめ」や「学級崩壊」などが起きて，子どもへの指導や保護者への説明などに多くの時間やエネルギーを必要としてしまったという例は多くあります。さらには，学級を立て直すために教務主任や教頭がＴ・Ｔで教室に入り，本来の仕事ができなくなって，学校全体がダメージを受けてしまうという例もよく聞く話です。

　予防的な取り組みは，はじめは確かに手がかかります。しかし，よい回転に乗り始めれば，あとはそれほど大変ではありません。その分，子どもたちとの楽しい活動や発展的な取り組みにつなげるほうが建設的です。

課題を整理して，効率化する

　「いじめ」「不登校（登校しぶり）」「学力向上」「キャリア教育」「性教育」「心の教育」「社会性をつける」など，学校にさまざまな要求が寄せられています。さらには，反社会的な行為や非社会的な行為への指導のほか，給食指導では「偏食」や「マナー」などの指導までも求められます。そこへ特別支援教育です。これらを別々にとらえてすべて指導しようと思ったら，まず無理があります。

　ではどうするか。河村茂雄が説明するように，学級集団の状態を整えることで，たくさんのことをつなげることが可能になると考えました。

　例えば，学級にピアサポート（子ども同士の助け合い）の機能があれば，「特別支援教育」や「社会性の育成」「不登校の予防」などに効果的です。いっぽう「いじめ」「非行」などに対しては，ピアプレッシャー（子ども同士の牽制）が心のブレーキとなります。

　そこで，学級集団の質を高め，子ども同士が学び合い，刺激し合い，牽制し合う学級づくりを優先課題としました（特別支援教育以外の各取り組みについては，本書では割愛します）。

コラム ①
「ピア・サポート」と「ピア・プレッシャー」

　子どもたちは学年が上がるにつれ，親や教師などの身近な大人よりも，友達を大切にするようになります。友達の言葉や態度を，より気にするようになります。
　これは，「思春期」の特徴です。この特徴を，「指導がむずかしくなった」「やりづらい」ととらえるのではなく，上手に生かしたいものです。

①ピア・サポート
　互いに悩み事を聞いたり，アドバイスをし合ったりするのは「サポート」の機能です。これを教師やカウンセラーがするのでなく，年代の近い子ども同士（ピア）で行うのが「ピア・サポート」です。
　今，学校全体で一つの取り組みとして「ピア・サポート」を掲げ，サポートする側の人材づくりやシステムづくりをしていこうという動きがあります。私は，それとはレベルを別にしても，「ピア・サポート」が自然に生まれる「学級世論」をつくることができるとすばらしいと思います。不登校への支援や特別支援教育では，「ピア・サポート」の機能を生かせるかどうかが大きなポイントになります。

②ピア・プレッシャー
　ピア・サポートとは反対に，集団で生活する時に周りの目が気になることがあります。これが「プレッシャー」です。ピア・プレッシャーの「牽制し合う」という機能は，「いじめ」や「不正行為」に対する心のブレーキとして作用します。
　ただ，残念なことに，正義への非難がうずまく「学級世論」ができ上がっている場合，ピア・プレッシャーは「チクる」ことへの圧力や，「あいつ優等生ぶって……」などの引き下げの意識につながります。
　したがって，健全な方向への「ピア・プレッシャー」が生まれる「学級世論」づくりを，学級経営の中で意図的に仕掛けていくことが大事です。

　「ピア・サポート」や「ピア・プレッシャー」の考え方は，集団の力で個人を支援していく方法につながります。一斉指導の中にどうやって個別支援を組み入れていくかという「特別支援教育」のジレンマに対して，大きなヒントになるものです。

コラム②
教師の行動モデルと「学級世論」

　子どもたちが「よいことはよい」「悪いことは悪い」という確かな軸をもち，「心のアクセルやブレーキ」を身につけるためには，教師が価値観モデルとなって学級の世論をリードすることが必要です。これも，予防をめざしたすべての子どもへの間接的な指導であり，積極的な生徒指導です。
　ここで私は，あえて「学級世論」という言葉を使います。「学級の雰囲気」や「学級の風土」では，弱いのです。
　教師が先手をとって「価値のリード」をしていくためには，まず，学級の世論（状態）を分析します。学級三役とのリーダー会議や班長会議を定期的にもち，個人面談での情報収集を活用します。また，子どもたちの言葉や表情・態度はどんなものが使われているか等，一つの行動に対する子どもたちの反応をメモにとります。その中で，「これはいいなあ」と思う事例があれば，それを学級の子どもたちの前で紹介します。そこには，なぜこれがすばらしいのかという理由づけもします。そうやって，学級の世論をリードしていきながら，学級の過ごし方を提案します。
　ただし，最後まで教師が押しつけで通したのでは不十分です。子どもたちが，この考え方ややり方を自ら選択したのだという形（参画した）をとることが大切です。
　また，「いじめ」などは存在してなくても，それに対する世論づくりも積極的に行います。「昔，先生が小学生の頃，周りの人がこそこそ話をするのが嫌だったなあ，君たちはどうだい」とか，「最近の調査で，ニヤニヤ笑われるのがとても傷つくと発表されたけどみんなの意見を聞きたいなあ」などと話をして，学級で数人に聞いてみます。これも，いじめの芽を出させないための積極的な指導です。
　しかし，どんなに予防をしてもトラブルは起きます。そのとき，公共性の高い問題ならば，「学級世論」を意識して皆の前で注意します。人格を責めるのでなく，行為を指摘するのです。そして次の行動課題を確認します。
　このような教師の対応も，学級の子どもたちのモデルになります。対応に手を焼く子どもに対して，あきれた態度で叱ったりする担任の姿は，それを見ている学級の子どもたちにとっての「学級世論」をつくってしまいます。周りの子どもたちの行動は，実は教師の真似をしているという場合も非常に多いのです。

第3節

特別支援教育の考え方

すべての子どもに支援の必要がある

　愛国小学校では,「学校生活で不適応を起こしている子どもをどう理解し,支援していくか」を特別支援教育のねらいとしました。

　発達障害をもつ子どもたちは,対人関係に苦手さがあり,不適応を起こしやすい状態にあります。いっぽう,教師からみて行動に問題がない子どもでも,さまざまな要因で不適応状態に陥っている場合があります。つまり,質と大きさにこそ違いがありますが,すべての子どもに支援の必要があるのです。

　そこで①気になる子どもだけでなく,すべての子どもの状態をチェックする,②教師からみた子どもの行動をチェックするとともに,子ども自身の感じ方も調べる,の2点を踏まえて,早期に不適応を発見するシステムづくりをしました。

不適応は関係のズレから生じる

　不適応は,「子どもと環境の関係にズレがある」ために,子どもが「困り感」を感じて心に余裕がなくなった状態であると共通理解しました。そして,子どもがそのような状態にあるのは,子ども同士,子どもと教師,ひいては教師と親,教師同士など,「対人関係のズレ」に最も大きな要因があると考えました。

　例えば,「伝えたつもりが,伝わっていない」「このくらい大丈夫だと思っていたのが,そうではなかった」など,コミュニケーションのズレから起こる「ちょっとした思い違い」が蓄積し,それが大きくなって子どもの心のゆとりを奪い,「不適応」を起こすのです。

　つまり,子どもが困っている状態にあるのは,子どもの人格に問題があるから

ではなく，教師を含めた周囲の人間との関係のもち方の結果なのです。そこで，使う言葉も，「困った子ども」ではなく「困っている子ども」としました。

このような共通理解によって，子どもが抱えている困難さはさまざまであっても，教師の関係のもち方で「困り感」を減らしていこう，そのためには何ができるかを考えよう，という雰囲気が定着していきました。

まず集団の状態を高める

発達障害をもつ子どもの多くが，対人関係に困難さを抱えています。「関係のズレ」から不適応が起こる可能性は非常に大きく，積極的にズレを埋める手だてを講じていかなければなりません。しかし，このような場合に，その子どもだけに個別支援をしても，なかなか効果は上がりません。子どもの行動の変化はゆるやかだからです。その間，学級集団の状況（環境）が変わらず，その子を受け入れない状況が続けば，ズレはいつまでも繰り返されます。そこで，担任が孤軍奮闘していると，しだいに周りの子どもたちに目が行き届かなくなり，第二・第三の不適応を起こす子どもたちが現れることにつながります。悪循環です。

そこで，行動の変化しやすい，スキルの高い子どもたちへの働きかけをまず行い，学級集団の状態を高めることで，所属する学級集団が，その子どもたちを受け入れられるようにすることを優先しようと共通理解しました。また，学級担任1人で対応できる量を超えている場合には，適応指導委員会でのサポートの対象とすることも共通理解しました。

具体的には，Q-Uで，学級満足群の子どもが70％以上の学級づくりを目標に掲げました。数値目標を掲げることに対しては，「満足群に子どもがいないといけないのか」「満足群にばかり子どもが集まる学級は気持ち悪い」などの意見をたまに聞きます。これは，Q-Uを実施すればすぐにわかることですが，満足群に位置する子どもたちは，まじめな優等生ばかりではありません。満足型の学級は問題が起きない画一的な個性の集まりというわけでもありません。

満足型の学級は，活発な交流があるため，むしろケンカやぶつかり合いだって頻繁に起きます。それにもかかわらず，トラブルの対処に要する時間やエネルギーは少なくてすむのです。発達障害をもつ子どもにとっても，満足型の学級は所属集団になりやすく（P.36参照），また適切な行動のモデルとなる子どもがたくさんいるため，学習効果も高まります。

第4節

校内体制

1 校務分掌

特別支援部

　特別支援教育コーディネーターは，教務主任や生徒指導部長等が兼任したり，すでにある校務分掌の教務部や生徒指導部（生活部）の中に仕事内容が位置づけられている学校が多いと思います。しかし，忙しい雰囲気に包まれ目の前の仕事に追われている学校では，これではすぐに後追いになることが目にみえています。予防・開発的な取り組みのように，今すぐに結果を求められていない仕事は，どんどん後回しにされてしまいがちなのです。

　本当に何とかしたいと考えるなら，自分たちを，仕事をせざるをえない状態に追い込まなくてはなりません。だから愛国小学校では，特別支援部を新たにつくり，あえて「校務分掌」に位置づけることにしました。

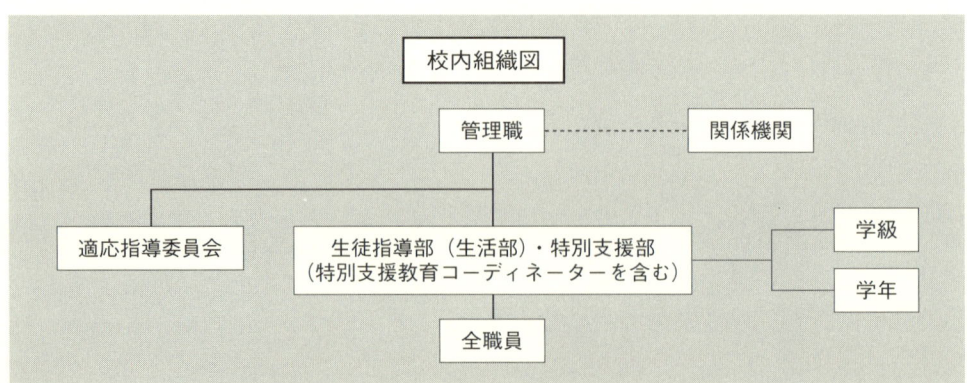

特別支援部の仕事は，3～4章に述べる取り組みの推進役です。

新しい部を校務分掌に位置づけたことは，とても大きな意味がありました。

まず，月1回程度の分掌会議では，各部の取り組みを必ず検討しなければならないことになっています。これにより，活動の時間と場所が確保されました。

また職員会議には，分掌ごとに取り組みの報告を行う時間が設けられています。報告のためには，目にみえる形での仕事を行わなければいけないというプレッシャーが生じました。このような報告は，聞いている側の職員にとっても，特別支援教育というものを定期的に確認することにつながりました。

適応指導委員会

子どもたちが不適応（反社会的行為や非社会的行為）を起こした場合に相談し，チーム支援を行うための機関として「適応指導委員会」を組織しました。事例によってメンバー構成は変わりますが，基本的なメンバーは，管理職・教務主任・生徒指導部長・コーディネーター，養護教諭，学年主任，担当担任です。

活動の流れは，計画・情報公開（P）→実行（D）→評価（C）→再計画・実行（A）というPDCAのサイクルにそっていて，下記のような手順です。

○○さんの△△の事例に関する支援チーム

適応指導委員会
(1) メンバーを集める。
(2) 事例の内容を確認したあと，指導方針や指導体制の相談・決定をする。

学校全体
(3) 全教職員に連絡して協力をあおぐ（修正意見があればここで受けつける）
(4) 支援を実行する

適応指導委員会
(5) 子どもや学級の変容を調べて，効果があったかを評価する（原則として2週間後）
(6) 4の結果を受けて，指導方針・内容を再検討する。

（3に戻る）

2　教育課程

　特別支援教育の取り組みを始めて2年目には、日課時程を動かして昼休みの時間を延長しました。理由は、子どもたちとの個人面談の時間を確保するためです。

　のちに述べるように、Q-Uの実施後にどのクラスでも「個人面談」を行うことにしているのですが、1年目の取り組みの反省点として、面接の時間がなかなかとれない、場所が少ないという意見が多くありました。そこで、昼休みの時間を20分から30分に伸ばしました。また、面談場所の確保のため、学年ごとに使える教室（特別教室や準備室など）を割り振りして学級がぶつからないように工夫しました。

　しかし、年度末の反省では、昼休みが長いことから、5時間目の授業に集中できないなどの声があがりました。そのため、平成19年度からは休み時間の長さを元に戻し、中休みや昼休み、高学年では給食や掃除の時間も利用しながら行っています。

　教育課程にかかわる変更は、学校の全活動に影響を与えるので敬遠されがちです。どこかにしわ寄せがいくこともあるし、子どもたちや父母に対する説明責任も生じます。しっかりとした学校の方向性をもち合わせていることが必要で、学校長の学校経営も問われます。しかし、明確な理念と必要性のもとでは、教育課程を動かすことはためらってはならないと思います。

　これは、学校の流れを変えるということであり、その時点で、特別支援教育が学校経営に組み込まれたことも意味します。教職員に「やらなきゃいけない」という自覚を生み出すことにもつながります。

コラム ③
特別支援部の立ち上げ

　平成15年3月に文部科学省から「今後の特別支援教育の在り方について（最終報告）」が出され，平成19年度から特別支援教育が本格実施されることになりました。それを受けて，愛国小学校でも平成17年度から特別支援教育をスタートさせることになり，平成16年度の年度末反省の職員会議で，次のような提案がなされました。

「平成19年度完全実施に向けて，愛国小学校としての方向性を決めていかないとなりません。そこで，校務分掌に『特別支援部』を新たに位置づけて取り組んでみてはどうでしょうか。平成19年度までの2年間限定という形で，継続するかどうかは19年度に検討するという形でもいいと思います」

この時に会議で出された意見は，次のようなものでした。

Q：新たに部をつくるということは，どこかの部の人数が減ることになる。その影響をどうするのか？
A：各分掌の部長に仕事内容と必要人数をあげてもらう。その中で，人数の調整はできないものなのか検討してみる。
Q：特別支援教育の予算や人員面での保障がどのように進んでいくかわからない時に，今の体制で大丈夫だという結果を残すのはいかがなものか？
A：現状のシステムでは，子どもたちを不適応から救い出せてないことを全員で確認している。子どもたちが，不適応を起こさず毎日を楽しく過ごす方法がほかにあるのなら，次の会議で出してほしい。目的が達成できるのであれば，これにこだわらず，どんな方法でもよいと思う。

　そこで，各分掌の人員の調整と代案を募る期間をとるために，次回の職員会議まで決定は保留にして会議を終了しました。
　その後の部長会議では，新分掌へ人員をさくことが可能という判断になり，また代案も出なかったため，次の職員会議で特別支援部が承認されました。

第5節

実行システム

　特別支援教育のような新しい内容が学校に入ってきた場合，その仕事の多くは，教務部主任・生徒指導部長・研修部長など，もともと多くの仕事を抱えている人に，さらに回っていきがちです。すると，「忙しい」がゆえに，新しい仕事は後回しにされてしまいます。周りの教師も，その先生が忙しいのはわかっていますから，あまり口を出しません。これが，悪循環の始まりです。

　こうなってしまっては，具体的な行動はいつまでたっても起きてきません。理念を確認するだけの「スローガン教育」になってしまいます。

　だからこそ，後回しになってしまう前に，ものごとが自動的に動いていくような仕組みを整えることが大事なのです。それがシステムをつくるということです。システムを変えることは組織を変えることにつながり，組織が動き出すことで，小さな変化が大きな変化につながっていきます。

　愛国小学校では，各段階で行うべきことを具体的に行動レベルで設定していきました。全体像を右表に示します。それぞれの実践の詳細とポイントについては第3章で述べます。

実行のためのシステム

1．子どもたちの不適応をなくそう（ねらいの共通理解）	
【目的】	【対応するシステム】
●取り組みを全校のものにする	●特別支援部の校務分掌化
	●月1回の研修会の設定（学習会やアセスメントの時間の確保）
●ねらいの共通理解	●学習会の実施
●行動の共通理解と実践	●教師の行動課題の設定と評価
	●学級経営案の行動課題の絞込み
	●支援シートの作成

2．関係のズレを見つけよう（アセスメント）	
【目的】	【対応するシステム】
●現状の理解（アセスメント）	●3点セットの実施 　①Q-U実施 　②児童理解表（K-13法事例報告用紙） 　③支援別表
●ズレの発見	●学級満足度と生活1次支援児の比較 　⇒　情報公開
	●学級経営の数値的目標（学級世論が教師のねらいとのズレが少なく浸透していると考える基準） 　①満足群が学級の70％以上 　②生活1次児童が65％以上 　　かつ生活1次児童が満足群に70％以上
●基準の調整	●支援別表の共通尺度づくり

3．見つけたらアクションを起こそう（具体的対応）	
【目的】	【対応するシステム】
●担任による関係のズレの修正	●個人面談の時間の確保 　（教育課程の改定）
●チームでの問題解決	●適応指導委員会によるチーム支援
	●生徒指導事例と指導内容の交流
●校外との連携	●専門家チームとの連携

第6節

システムづくりへのこだわり

　特別支援教育の体制づくりを進めるうえで大事なのは,「人づくり」「組織づくり」「システムづくり」とよく言われます。愛国小学校では,「システムづくり」にこだわって取り組みを進めてきました。

1　「人づくり」「組織づくり」の弱点

　学校現場で行われる特別支援教育の研修は，専門的な知識やスキルにかかわる「人づくり」としての研修が多いようです。AD/HD や LD，高機能自閉症について個々が学ぶことはとても大事なことですが，研修量によって個人差が広がることも予想されます。なかなか教師全体の底上げには結びつきにくいのが現状です。

　また，研修を受けたときは理屈としてわかった気分になるのですが，実行に移さないと「できる」という段階には届きません。この時点で，即実践をする者と「理屈としてわかった」者との個人差も出てきます。

　いっぽう「組織づくり」においても，連携の大切さを確認したり，校内委員会組織をつくったりするところまではよく行われていますが，つくることが目的になってしまって機能していないところが多くあります。「個別指導計画」のシート（ひな形）は決めてあっても，一度も事例を作成したことがないという学校は非常に多いものです。

　このように，「人づくり」の時間を多くとってレベルアップを図ったにもかかわらず教師間格差が広がったり，「組織づくり」をしたにもかかわらずきちんと

機能していなかったりして，学校全体で取り組みのレベルを上げることにはうまくつながっていないケースが多くあります。

2 「システムづくり」から始める

ほとんどの学校は，次のような流れで取り組みを進めています。

学校によっては，「うちには特別支援教育に詳しい人がいないから……」という理由で，体制づくりが進まないのは仕方ないという結論に達しているところもあります。人がいないから組織が動かない，組織が固まらないからシステムが働かないという「負の思考の循環」ができているのです。

そこで，愛国小学校では流れを変えました。

はじめにシステムをつくります。システムとは，ある目的に対する一連の動き方をまとめたものです。「関係のズレを見つけるにはこうする」「ズレを埋めるにはこうする」「教師の行動課題を決めて取り組む」「全員が個別支援シートを必ず書く」など，ある状況で何を行うかを明白にしておきます。

すると，ともかく全員が動かざるをえない状況ができます。そのうえで，みんなを動きやすくするための組織を整えます。こうすると，一人一人は実際に仕事をする中で，自然とスキルアップしていきます。そして最終的には，「人づくり」という教師の資質向上につながるのです。

3 システムづくりから始めることのメリット・デメリット

システムづくりから始める場合，最初にシステムに乗って動けるようにするまでには，全体を一気に動かさなくてはいけないという大変さがあります。そこに

は校長のリーダーシップが欠かせません。しかし，一度「システム」がうまく確立されたならば，人が変わっても学校は機能していきます。

よくあるように「人づくり」にだけ意識が向かいすぎると，学校を引っ張る人（教師）がいなくなるともう学校は機能しなくなってしまいます。要注意です。

「システムづくり」を進める場合のメリット・デメリット

メリット	○教師の間で対応のズレがおきにくい 　（子ども・親の不公平感が少ない） ○教師全体の資質向上につながる
デメリット	○型が決まっている窮屈感を教師が感じる 　（管理されている感じがある） ○教師間のピア・プレッシャーが生じる 　（行動の結果が明確にみえる）

4　人が動くシステムのポイント

人が動くのは，意欲がある時です。では，意欲が出る時とはどういう時でしょうか。そのポイントが2つあります。

①参加の原則と自己決定

　ポイント1　　参加の原則　➡　情報公開による全員参加のシステム

何かを決める時に自分も参加する，そして自分が決めたことを実行するという場合，人は意欲的になります。そこで愛国小学校では，取り組みの過程をすべてオープンにして，みなが当事者意識をもてるように工夫をしました。

不登校・万引き・授業妨害など，気になる子どもを支援する時や指導を必要とする事例が起きた場合には，適応指導委員会を開いて指導計画を立てます。そのような時に，コーディネーターは，経過と今後の指導の流れを，全教職員に必ず情報公開するのです。

さらに，この事例に対して，全教職員が何らかの形でかかわるように課題を決めてお願いします。例えば，管理職には該当児童の面談や父母との折衝，学年外の教師にはT・Tでの支援，養護教諭には同じ学年や学級の子どもたちが保健室

へ来た時の情報収集，学年の教師には日常での声かけ，他学年の教師には，同じような事例の子どもがいないか調べてもらう，などです。

このように，全教職員にかかわってもらうことで，個々の事例を学校全体のことにしてしまうのです。

②「成功体験」と「わかる喜び」

| ポイント2 | 成功体験の積み重ね ➡ 行動課題を決める |

人は，チャレンジしたことがうまくいった時に，もう一度やってみたいと思います。「わかった！」と実感できた時に，またやってみたくなります。

ところで，「わかる」というのには3段階あると思います。「①何となくわかる」「②理屈としてわかる」「③できる」の3つです。

人は，頭でわかった気になっただけでは行動には移しません。そこで，やってみるように仕組むのです。行動して「できた」と思った時には，「わかる喜び」がわき出てきます。これが多ければ多いほど意欲がわきます。つまり，人を動かすときのコツは，「具体的ですぐできそうなこと」「特別なことでなくあたりまえのこと」をまずやらせてみることです。

そこで，あたりまえのことでも意外と徹底されておらず，しかも子どもとの関係づくりに役立つ項目を7つ考えて，教師全員が取り組む「行動課題」に設定しました。例えば，「時間どおり教室に行く」「休んだりケガをした子どもたちの家に電話を入れる」などです（第3章で詳しく説明）。学期ごとにできていたかを自己評価して，達成感を感じられるようにしました。

また，月1回の「学習会」をもち，アセスメントの作業や個別支援計画表の作成など，各学級の仕事はその時間の中で行うようにしました。時間を確保したことで，研修のつもりで全員が一度は取り組み，やってみると，「意外と簡単じゃないか」「これいいね」などと効果を感じることができました。こうなれば，次からは自発的な行動が期待できるというものです。

学習会の時間は，研修部や生活部がもっている年間の研修日を回してもらって確保しました。「何かをやろうとする時は，何かを削る」というのを説明すると，「負担増」の気分にならずに意欲が維持されるのではないかと思います。

実践のための提言①

特別支援対象児の学級適応感と学級状態との関連

■深沢和彦■

学級の状態をよくすることは，特別支援の必要な子どもにとって本当に意味があることなのでしょうか。研究をもとに検証します。

調査

　2005年11月から12月にかけて，特別支援教育の対象となる困難を抱えた児童や周囲の児童の学級への適応の実態を明らかにするために，公立小学校の4・5・6年生（127学級，3694人）を対象とした調査を行いました。

　児童の学級適応の測定には，標準化された心理尺度「Q-U」の中の，学級満足度尺度（河村，1999）を用いました。また，学級に在籍する特別な教育的支援を必要とする児童（以後「特別支援対象児」と表記）をスクリーニングするために，担任教師に対しては，文部科学省（2002）の「通常の学級に在籍する特別な教育的支援を必要とする児童生徒に関する実態調査」を用いました。

　有効回答3,687（男子1,953，女子1,734）人のうち，特別支援対象児としてスクリーニングされた172人と，所属する127学級を分析の対象としました。

学級状態と特別支援対象児の学級満足度尺度4群の出現率

　学級状態の違い（河村，2007）による特別支援対象児の学級適応感を，学級満足度尺度4群の出現率で比較したところ，右上のグラフのようになりました。

①学級状態が良好だと，特別支援対象児の適応もよい

　特別支援対象児が満足型学級に所属している場合，学級生活満足群である割合は40％以上であるのに対し，荒れ始めの学級に所属している場合，学級生活満足群である割合は6％以下と低く，反対に学級生活不満足群である割合が70％以上という高い値を示しました（Fig.1）。この結果から，特別支援対象児は，所属する学級の状態がよい場合には学級適応感が高いが，悪い場合には学級適応感が低くなることが考えられました。

　つまり，特別支援対象児の学級適応には学級集団からの影響が考えられ，受容性が低い学級集団の中では，二次的な障害としての不適応を引き起こしやすいと

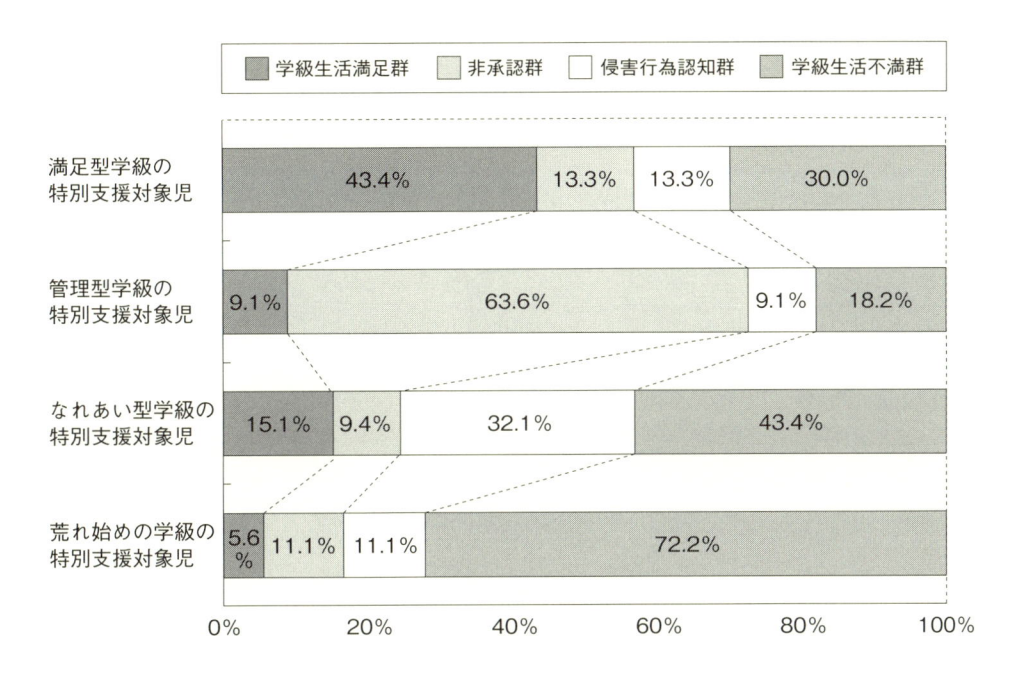

Fig.1 特別支援対象児の学級適応感

凡例：学級生活満足群／非承認群／侵害行為認知群／学級生活不満群

学級タイプ	学級生活満足群	非承認群	侵害行為認知群	学級生活不満群
満足型学級の特別支援対象児	43.4%	13.3%	13.3%	30.0%
管理型学級の特別支援対象児	9.1%	63.6%	9.1%	18.2%
なれあい型学級の特別支援対象児	15.1%	9.4%	32.1%	43.4%
荒れ始めの学級の特別支援対象児	5.6%	11.1%	11.1%	72.2%

考えられるのです。したがって，特別支援対象児への援助を考えるうえで，彼らの所属する学級の学級状態を良好なものにすることは重要なのです。

②二次障害を防ぐには，ルールやマナーの確立を優先

　管理型学級において，学級生活不満足群の特別支援対象児が少ないことは注目に値します。

　管理型学級では，学級内に教師の価値観によるルールが設定されているのが特徴です。緊張感があり，かたい学級の雰囲気はあるものの，学級内にルールが確立しているので，特別支援対象児にとっては行動の仕方がわかりやすい，あるいは先生がしっかりと注意してくれるので，ほかの子たちにからかわれたり，ばかにされたりすることが少ないという理由が考えられます。たとえ教師主導であっても，まずは学級内にルールやマナーを確立することが，通常学級の特別支援教育における優先課題だと考えられます。

　いっぽう，ルールの確立ということでは，満足型学級でも同じことがいえるはずです。そこでQ-Uの得点（承認得点，被侵害得点）の平均値を比較したところ，満足型学級に所属する特別支援対象児の承認得点は最も高く，被侵害得点は管理型学級よりもわずかに高いものの，統計的に意味のある差は認められませんでした（Fig.2）。満足型の学級では，特別支援対象児の学級不満足群の割合が管

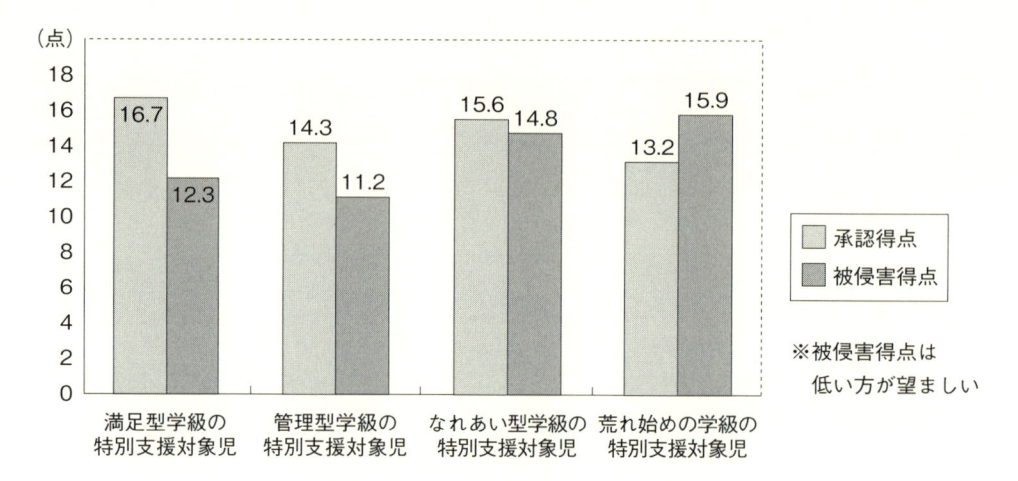

Fig.2 特別支援対象児のQ-U得点

理型学級より高いものの，学級生活不満足群に位置する児童の多くが，学級生活満足群との境界付近に位置していると考えられるのです。総合的に考えると，特別支援対象児にとって一番居心地がいいのは，満足型学級ということになりそうです。

　実際の学級経営では，初めから満足型の学級があって，そこに特別支援対象児が入ってくることはありえません。そこで，学級生活不満足群の出現が低く抑えられている管理型学級には学級経営の初期段階のヒントを学び，最終的な目標地点を満足型学級におくというパターンがよさそうです。

③管理型から満足型へ

　特別支援対象児が学級内に在籍する場合，子どもたちに例外なく同じ目標のもとにルールを守らせ，守れない時はその都度注意を与えるという徹底型の学級経営スタイルは，早い段階で行き詰まってしまいます。

　特に，行動に困難を示す児童は，ルールやマナーを守ることがむずかしいため，教師の側もついついルールの徹底を曖昧にしてしまいます。そのことは，学級全体へ厳しくルールを徹底してきたところへ例外をつくる形となり，結局は学級内のルールやマナーの確立を妨げるように働いてしまいます。

　かといって，行動に困難を示す児童に一律にルールの遵守を求めることは，児童にとても苦しい思いをさせ，パニックを起こすことも出てきてしまうでしょう。

　あちらを立てればこちらが立たず，こちらを立てればあちらが立たず。多くの教師が個別指導と一斉指導の両立に悩んでいます。

学級内の児童の大半が満足しているだけでなく，特別支援対象児の約半数も，楽しく充実した学校生活を送っているのが満足型学級です。いわば，個別指導と一斉指導の両方が成立している学級ということができるでしょう。

　この満足型学級をいくつか観察させてもらい，気づいたことがあります。担任教師の対応に共通するものがあるのです。「みんな苦手なことはあるね，Aくんは～が苦手なんだよ」「みんな，くせはもってるでしょ。～はAくんのくせなんだよ」「Aくんは～が得意なんだよ」「うまくいかないときもあるけど，がんばり度は同じだよ」「助けが必要な人には，いつでも力を貸すよ」などなど。

　満足型学級のすべての先生方が「みんな違ってみんないい」という価値観を学級内に浸透させる言葉がけを折にふれて行っていました。学級内のルール確立においても，一律遵守を求める強制的な対応はみられず，児童たちの同意を得ながら柔軟に行われていました。

　こうした教師の対応（考え方や行動）は，児童にも伝わっていくのだと思います。学級内には「ドンマイ！」の声や拍手が自然に湧き起こり，うまくいかないこと，できないことを責めるような雰囲気は，ほとんどありませんでした。学級内にルール・マナーを確立することをめざす過程で，同時に，教師と子ども，また，子ども同士のあたたかいふれあいのある人間関係（リレーション）も築かれていったのではないかと考えられます。

まとめ

　通常学級における特別支援教育では，次のポイントを踏まえながら，良好な学級状態をつくることが，特別支援対象児への大きな援助になります。考え方と取り組みの詳細については，下記の文献を参考にしてください。

○「みんな違ってみんないい価値観」を折にふれ示す[※1]
○学級内にルールやマナーを確立することを優先課題とする[※2]
○ルール・マナーの確立は，児童の同意を得ながら柔軟に行う[※2]

＜参考文献＞
※1　河村茂雄編著『ここがポイント　学級担任の特別支援教育』図書文化
※2　河村茂雄編著『Q-Uによる特別支援教育を充実させる学級経営』図書文化

第3章

アセスメントの実際

第1節

アセスメントの目的

1 不適応をどうとらえるか

　愛国小学校の取り組みにおけるアセスメントの目的は,「不適応」を起こしている子どもがいないかどうかを調べることです。そこで,不適応とはどのようなものかについて,最初に共通理解をもちました。

不適応はズレ

　不適応は,「『子ども』と『周りの環境』にズレがある状態」ととらえました。もちろん,発達障害をもつ子どもも,この中に含まれてきます。

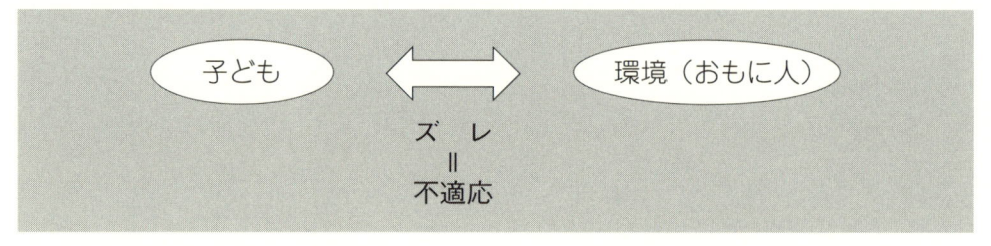

```
    子ども  ⇔  環境（おもに人）
            ズ レ
             ＝
            不適応
```

　周囲の環境として,最大のものが「人」です。他者との関係のおもなものには,「子どもと教師」「子ども同士」,ひいては「子どもと親」「教師と親」などがあります。これらにズレが起きている場合を,不適応として理解をもちました。

問題行動は「関係」の問題

　このような「ズレ」は,集団生活を送っている以上はだれにでも起きるものです。ただし,ズレを修正したい,自分の思いを「わかってほしい」「解決したい」

と思ったときに，どのような行動をとるかは，子どもによって違います。

　成功体験が多く，自尊心の高い子どもたちは，「相談する」「我慢する」「努力する」「納得する」など，集団生活の中で受け入れられる行動を選びます。

　それに対して，失敗体験が多く，自尊心が低くなっている子どもたちは，「泣く」「すねる」「怒る」「不登校」「いじめ」など，集団生活の中で不快感を感じさせる不適切な行動を選びがちです。そのため，自分の思いや願いが通じずに，悔しさ・つらさ・イライラ感などの感情をもちます。これが蓄積して問題行動が起きるのです。

> ○自尊心の高い子……ズレを解決するために解決的な行動をとりやすい
> ○自尊心の低い子……ズレを解決するために問題となる行動をとりやすい

　問題行動は，子どもの人格の問題ではありません。他者との関係の中で，たまたま選んだ行動がそうであっただけなのです。逆にいえば，現在は解決的な行動をとっている子どもでも，自尊心が下がれば問題行動を起こす可能性があります。

　また，発達障害などがあって，生活面や学習面でその子に合った特別の対応を受けることが必要なのに，周囲がズレに気づかない場合があります。すると，この子どもたちはいつまでもズレの中におかれたままとなり，ストレスが限界に達し，問題行動を起こしやすい状況になってしまうのです。

　このように，不適応はだれにでも起こるものであり，すべての子どもを対象にアセスメントを行う必要があると考えました。

観察法では限界が

　「ズレ」は，教師の観察法だけでは見抜けない場合があります。教師が先入観から見落としてしまう場合や，表面上の行動にはみせないように子どもが振る舞っている場合があるからです。だから，ズレを調べるためには，子ども自身が学校生活をどのように感じているか（認知）についても知らなければなりません。

　愛国小学校では，「教師からみた子どもの行動（支援別表）」と「子どもが感じている状況（Q-U）」を比較することで，「関係のズレ（不適応）」を発見しようと考えました。

2 「教師の困り感＝子どもの問題行動」というまちがい

　アセスメントで大切なことは,「教師の困り感＝子どもの問題行動」という思考回路をもたないことです。「対応に手を焼くから問題である」「手がかからないから問題がない」という思考回路は,子どもとの教師の関係のズレをどんどん広げていってしまいます。
　愛国小学校で,アセスメントの際に大切にしたことが3つあります。

①アセスメントはいつでも定期的に行う

　アセスメントは健康診断と同じで,とくに問題がないと思っている時にこそ,定期的に行うことが大切です。子どもの問題行動が顕在化していないと思われる場合にも,ズレはひそんでいる可能性があります。
　例えば,中学校は3年ぐらいのサイクルで子どもたちが荒れると言われています。これは,教師と子どもとの関係のズレを放置していることが原因だと考えられます。
　荒れている状態に何らかの手が打たれ,事態が収まって困り感が減ると,教師は「今の学校は問題がない」「現在は子どもたちが落ち着いている」というアセスメントになっていきます。しかし,強い力で押さえつけることで事態を収拾した場合,子どもたちの意欲低下や陰湿な人間関係は見えづらい不満となってたまっていきます。目立つ困り感はなくなるものの,根本的なズレが解決されたわけではないのです。
　その結果,扇動する力をもつ子どもが現れたり,厳しい生徒指導をする教師がいなくなったりしたときに,放置したズレが再び目にみえる問題行動となって表れてきます。
　問題が表出するまでの間にも,子どもたちからのサインは出ていたはずです。しかし,それに気づけていない場合が本当に多いのです。定期的に「ズレを見つけるシステム」をもたないことが原因です。愛国小学校では,年に2回アセスメントを実施することにしています。

②子どもの実態は,学校によってちがう

　荒れた学校から転勤してきた教師に,「支援別表」(P.54)を教師の主観で書いてもらうと,ほかの教師に比べて,生活1次支援の子どもがとても多くなること

があります。学級が多少ざわついているにもかかわらず，前の学校との比較で，「これくらい全然問題ないよ」と目の前の子どもたちをアセスメントしてしまうのです。しかし，学校が変われば，子どもたちの実態も変わります。前の学校で優先順位の低かった課題が，今度の学校では取り組みの中心になるということも往々にしてあるものです。アセスメントの基準は，子どもの実態に応じて変えていく必要があります。このことを，教師はあたりまえの認識としてもたなくてはなりません。そこで，愛国小学校の実態に合った基準づくりを，校内の話し合いによって行っています。

③客観的な尺度をもつ

　その学校の実態をよく知っている教師でも，困り感の強い子どもを担任している場合には，支援別表で1次支援の子どもを多く書く傾向がみられます。対応に手を焼いているその子との比較で，どうしても周りの子どもたちへのアセスメントがゆるくなるのです。

　教師の主観によってアセスメントがぶれないようにするためには，明確で客観的な子どもをアセスメントする尺度をもつことです。愛国小学校では，標準化された心理検査や，数値化できる観察項目を使ったチェックリストを用いることで，子どもの共通理解を進めています。

3　何のためにアセスメントをするか

　アセスメントを行ってズレが起こっていることに気づいても，具体的な解決策が何も出ず，「しばらく様子をみましょう」で終わってしまう場合があります。

　しかし，アセスメントの最終的な目的は，子どもの指導・支援です。結果を活用してアクションを起こすことができなければ，やる意味がありません。

　誤解しないでほしいのは，「様子をみる」のが悪い方法だといっているわけではないことです。何のために様子をみるのか。いつまで様子をみるのか。どのような方法で様子をみるのか。そこをはっきりさせるのであれば，それは積極的な生徒指導といえます。

　「アセスメントはアクションを起こすためにある」ということを，愛国小学校では折にふれて確認し合いました。

第2節

アセスメント3点セットの実施

　愛国小学校では，アセスメントのために，年2回（基本的に5月と11月），次の3つの作業を全教職員で行っています。またこれらの結果資料は公開し，学年研修の時間に，互いの学級の情報交換にも利用しています。

1）楽しい学校生活を送るためのアンケートQ-U　➡　詳細はP.48
　子どもたちの学級への適応感を調べる質問紙。子どもが回答する。
　子ども「個人」の結果とともに，学級が「集団」として適応的な状態になっているかをみることができる。

2）児童理解表　➡　詳細はP.52
　Q-Uの結果をもとに学級経営の状態を見直すためのカルテ。教師が記入する。

3）支援別表　➡　詳細はP.54
　学習面・生活面の子どもの行動を3段階で調べる表。教師が記入する。

コラム ④
1次支援の子どもの気持ち

　かつて，卒業して中学生になった男の子が，母校である小学校に遊びに来たことがあった。まじめだった彼は，ぽつんと「俺，たばこでも吸おうかなあ」と言い出した。「あれ，そんなこと言う子じゃないのに」と思って，「どうしてそんなこと考えるの？」と聞くと，「たばこを吸ったり，規則を守らない奴のほうが先生によくしてもらえるんだ」と答えた。彼の学級には，問題行動を繰り返す生徒がいて大変だと聞いていた。「そうか，じゃあ，たばこでも吸ってみるか」と言うと，「別に，どうでもいいや」と答えた。

　中学校の教師は，彼のようにまじめに生活を送っている子どもたちを，担任の言葉かけにあまり反応しない「無関心・無気力」であるととらえているようであった（担任をしている教師と話す機会があった時に「まじめな奴のほうが反応がなくてダメだ」と聞いたことがあった）。しかし，さきほどの彼の言葉を聞けば，この子どもたちは「無関心・無気力」なのではなくて，担任との関係のズレが「無気力・無関心」の行動を起こさせていたようである。どの子どもも関心を寄せてほしい。自分の存在を認めてほしいと思っているのである。

　われわれ教師がついやってしまう落とし穴は，「1次支援」と思っている子どもは，ほうっておいても大丈夫だろうと思いがちなことである。この思いは，子どもとの関係を薄いものにしてしまい，ズレを生み出す。子どもは，関心を寄せてほしいというサインを出している可能性があるのだが，「あの子は大丈夫だろう」という教師の思い込みが，このサインを見のがしてしまうのである。

　また，ルールを守ることを「あたりまえ」として価値観をおかない学級では，ルールを守っていた子どもたちが，守ることへの意義をしだいに感じられなくなる。正義が認められない社会では，「正直者はバカを見る」となり，不正がはびこるようになるのと同じである。

　学級に適応しているはずの子どもたちが満足感を感じていない学級集団は，正しい方向に向かっているとはいえない。そのような学級では，当然，2次支援や3次支援の子どもたちが受け入れられる土壌も育たない。

1　Q-U について

Q-U とは

　Q-U（『楽しい学校生活を送るためのアンケート Q-U』図書文化）は，河村茂雄が開発した，子どもたちの学校生活での満足度や意欲を知るための質問紙です。Q-U の結果には，子ども達が学校生活をどう感じているかが反映されています。「子どもの認知」を調べる尺度であるといえます。

　河村茂雄編著『学級づくりのための Q-U 入門』（図書文化）より，Q-U の結果の見方を簡単に紹介します。

何がわかるか

　Q-U の「学級満足度尺度」では，一人一人の子どもの学校生活での満足度がどうなっているかをみることができます。

　下図は，小学校 4～6 年生用の学級満足度尺度の結果の集計表です。

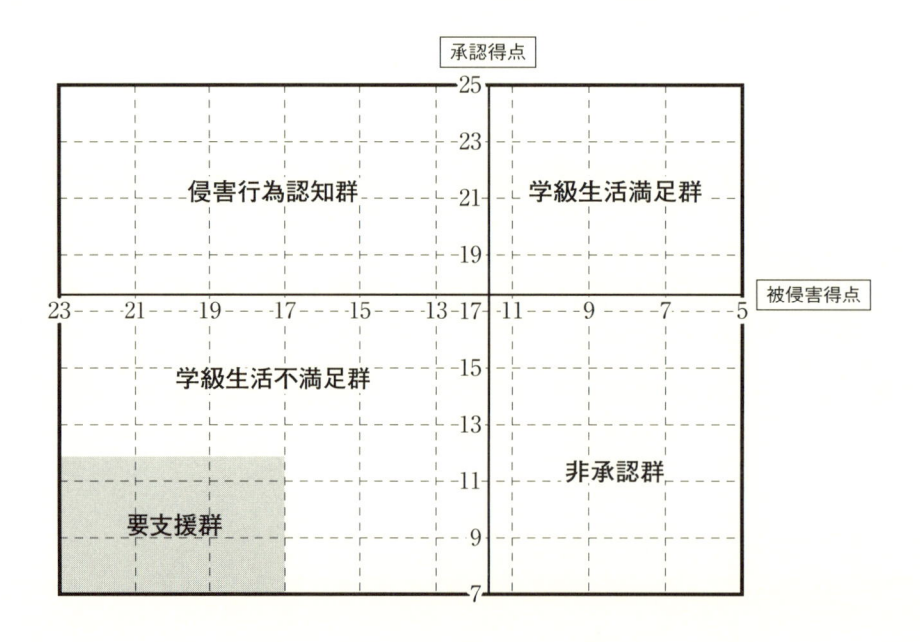

```
                          承認得点
                            25
                            23
        侵害行為認知群        21      学級生活満足群
                            19
                                                        被侵害得点
  23  21  19  17  15  13  17  11   9   7   5
                            15
        学級生活不満足群      13
                            11            非承認群
        要支援群              9
                             7
```

承認得点（Y軸）は，学級で先生や友達に認められていると感じているかを表しています。被侵害得点（X軸）は，友達から傷つけられたり嫌な思いをしたりすることがないかを表しています。この2つの得点の結果から，子どもの位置をP.48の座標上にプロットします。

　ある子どもが，4象限のどこに位置したかによって，以下のような特徴がわかります。

個人に関する結果の見方

●**学級生活満足群**
　集計表で，右上の領域にプロットされた子どもです。不適応感やトラブルも少なく，学級生活・活動に満足し意欲的に取り組めている子どもたちです。

●**非承認群**
　集計表で，右下の領域にプロットされた子どもです。不適応感やいじめ被害を受けている可能性は低いのですが，学級内で認められることが少なく，自主的に活動することが少ない，意欲の低い子どもたちです。

●**侵害行為認知群**
　集計表で，左上の領域にプロットされた子どもです。自主的に活動しているのですが，自己中心的な面があり，ほかの子どもたちとトラブルを起こしている可能性の高い子どもたちです。被害者意識の強い子どもたちも含まれます。

●**学級生活不満足群**
　集計表で，左下の領域にプロットされた子どもです。いじめや悪ふざけを受けていたり，不適応になっている可能性の高い子どもたちです。学級の中で自分の居場所を見いだせず，不登校になる可能性が高いといえます。
　学級生活不満足群の中でも要支援群となると，不登校になる可能性，いじめ被害を受けている可能性がとても高く，早急に個別対応が必要な子どもたちです。

　さらに，学級全員分のプロットを1枚にまとめ，その散らばりの具合をみることで，学級集団としてのまとまり具合を把握することができます。次ページに，特徴的な分布を紹介します。

①満足型学級

右上に集まった分布です。学級内にルールが内在化しており，その中で，全体の承認得点が高くなっています。

主体的に生き生きと活動できている状態で，教師がいない時でも，子どもたちだけである程度活動することができます。また，親和的な人間関係であるので，子どもたちのかかわり合い，発言も積極的で，活気があり，笑いが多い学級です。

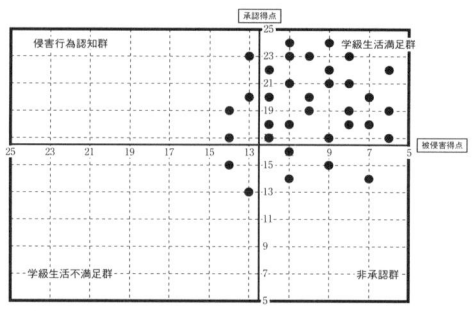

＜ルールとリレーションの確立した親和的な学級集団＞

②管理型学級

縦に伸びた分布です。ルールは定着しているものの，子どもたちの間で承認得点の差が大きくなっています。

一見静かで落ちついた学級にみえますが，子どもたちの意欲に大きな差がみられ，人間関係も希薄です。子どもたちは教師の評価を気にする傾向があり，子ども同士の関係にも距離があります。シラッとした活気のない状態で，学級活動も低調気味です。

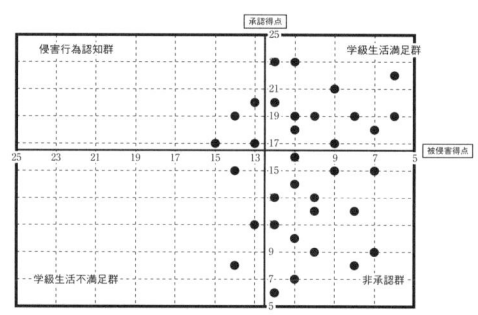

＜リレーションの確立がやや低い学級集団＞

③なれ合い型学級

横に伸びた分布です。承認得点は高いのですが，被侵害得点の差が大きくなっています。

一見，子どもたちが元気でのびのびとしていますが，ルールの定着が低く，授業中の私語や，係活動の遂行に支障がみられます。子どもたちの間で小さなトラブルが頻発している状態です。声の大きな子どもたちに，学級全体が牛耳られてしまう傾向があります。

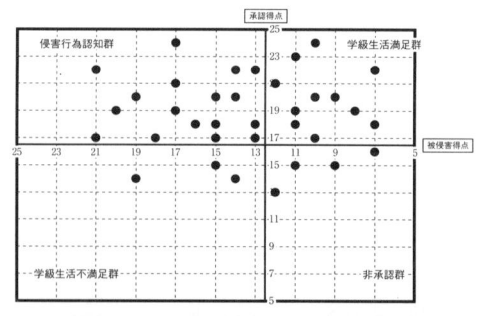

＜ルールの確立がやや低い学級集団＞

④崩れが始まった学級

斜めに伸びた分布です。②，③の状態の時に具体的な対応がなされないまま経過すると，右の形態が出現します。

それまでの学級のプラス面，すなわち，一見静かで落ち着いた学級（②），一見元気で子どもたちが自由にのびのびとしている雰囲気の学級（③）といった側面が徐々に喪失し，そのマイナス面が表れてきます。

このような状態になると，教師のリーダーシップは徐々に効を奏さなくなり，子どもたちの間では，互いに傷つけ合う行動が目立ち始めてきます。

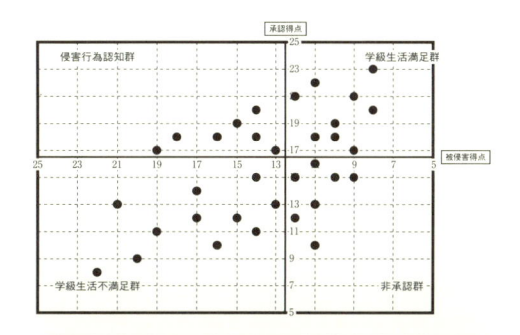

＜ルールとリレーションの確立がともに低い学級集団＞

⑤崩壊した学級

左下に集まった分布です。学級生活不満足群に70％以上の子どもたちがプロットされた状態です。

学級がすでに教育的環境になっておらず，授業が成立しないことを示しています。そればかりか，子どもたちは集まることによって，互いに傷つけ合い，学級に所属していることに対しても，肯定的になれません。

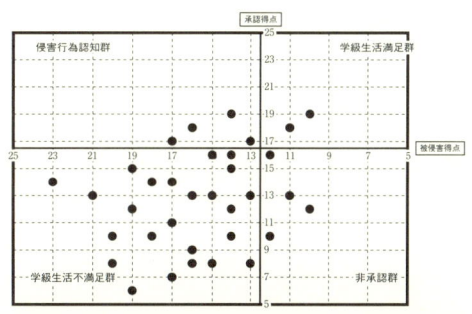

＜ルールとリレーションが喪失した崩壊状態の学級集団＞

2　児童理解表について

児童理解表とは

　「児童理解表」は，Q-Uの結果を使った事例検討会「K-13法」で用いられている，学級状態を記入するためのシートに，愛国小学校で，発達障害について記入する項目をつけ加えたものです。右のフォーマットに，Q-Uの結果を見ながら各項目を記入していくことで，学級のカルテのようなものが簡単に作成できます。

　河村茂雄ほか『Q-Uによる学級経営スーパーバイズガイド　小学校編』（図書文化）より，以下に簡単に紹介をします。

何がわかるか

　Q-Uの結果と学級担任が観察等により把握している学級状態とを対比させながら，現在の学級の状態を整理してみることができます。これによって，学級実態や担任の指導行動に対する気づきが促されたり，これからの具体的な学級経営の方針や個々の子どもへの対応を見直すきっかけとなります。

　またみなが同じフォーマットにまとめることで，校内の共通理解が進みます。

　なお，K-13法の事例検討会を実際に進めている映像とともに，事例報告シートの印刷用データは，pdf形式とword形式でCD-ROMに収録され販売されています（河村茂雄監修・講義『Q-U実践講座―目で見る学級集団の理解と対応の実際（CD-ROM）』図書文化）。

アクションにどう結びつけるか

　愛国小学校では，学級ごとの事例検討会は行っていませんが，作成した児童理解表を持ち寄って，学年ごとに学級経営の検討を重ねています。また，第4章で述べる個人面談の優先時順序を考えたり，進め方を考えるのに使用します。

児童理解表（K-13法事例報告用紙を一部変更）

学級集団の背景　小学校3年生　人数　　人（男子　　人，女子　　人） ・学級の特徴 ・学級編成の状況（もち上がり等）
問題と感じていること
学級の公的なリーダーの児童生徒（番号と簡単な説明）
学級で影響力の大きい・陰で仕切るような児童生徒（番号と簡単な説明）
態度や行動が気になる児童生徒（番号と簡単な説明）
プロットの位置が教師の日常観察からは疑問に感じる児童生徒（番号と簡単な説明）
学級内の小グループを形成する児童生徒（番号と簡単な説明）
4群にプロットされた児童生徒に共通する特徴 満足群………………… 非承認群…………… 侵害行為認知群…… 不満足群……………
軽度発達障害の特徴を備えている児童生徒（番号と簡単な説明） ADHD LD 高機能自閉症 複合
担任教師の方針 学級経営 授業の展開

3 「支援別表」について

支援別表とは

　「支援別表」の考え方は，河村茂雄編著『ここがポイント　学級担任の特別支援教育』（図書文化）に述べられています。ここでは，河村氏の考えに愛国小学校での実践を加えて紹介します。

　支援別表では，学級での子どもの「行動」を，学習面3段階×生活面3段階の組み合わせでみます。3段階の分け方は，学校心理学の考えに学級経営の視点を加えて，河村茂雄がアレンジしたものです。

（1次支援）担任教師が行っている一斉指導に自ら参加できる子
（2次支援）一斉指導の中で，教師のさりげない配慮と支援が必要である子
（3次支援）一斉指導に参加するには，特別な支援が必要である子

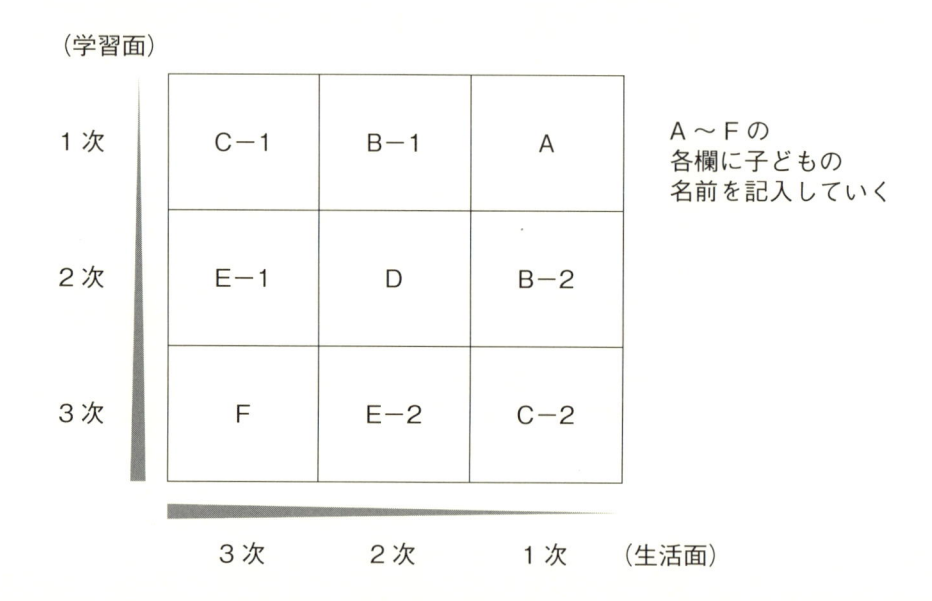

（学習面）

	3次	2次	1次
1次	C-1	B-1	A
2次	E-1	D	B-2
3次	F	E-2	C-2

（生活面）

A～Fの各欄に子どもの名前を記入していく

　愛国小学校では，教師たちで話し合って，1次支援～3次支援を判定するための共通した基準を設けています（P.61参照）。これにより，子ども理解をするときの観点，支援レベルの基準が共有されています。

何がわかるか

　表の右上にいくほど，授業でも日常生活でも一斉指導で動くことができ，左下にいくほど個別の配慮が必要なことを意味しています。

　【生活3次支援】（C-1，E-1，F）の子どもたちは，教師の一斉指導に従って行動したり，みずから学級のルールを守って行動することがむずかしい子どもたちです。学級経営を考えるうえでは，配慮を多く要し，対応の量が多くなることが予想されます。

　【学習3次支援】（C-2，E-2，F）の子どもはおとなしい感じであることが多く，学級経営を乱すような行動をとることは多くありません。特に【生活1次支援】×【学習3次支援】（C-2）の場合は，担任にとって目にみえる問題行動がないので，支援の必要性を見のがしてしまいがちです。注意が必要です。

　学級の子どもをすべて表に書き出すことで，改めて一人一人の子どものポジションを理解する機会になります。

アクションへのつなげ方

　子どものもつ困り感を早期発見・早期対応し，その結果を公開し合うことで，多くの教師でかかわっていこうという共通理解につなげています。1つの表にまとめることでは，支援の必要な子どもの名前がすぐにわかり，複数の教師が連携をとりやすいというメリットがあります。担任以外の教師が学級に入る補欠授業や少人数指導の際も便利です。

　留意点として，子どもの悪いところばかりに注目する犯人探しのような面が強くなってしまうと，子どもに対しての「困り感」のレッテル貼りにつながってしまいます。したがって，支援別表を作成するときは，いいところを見つけ認める「リソース（資源・財産）探し」の方法もたくさん紹介していくとよいでしょう。

第3節

アセスメント結果の活用

Q-U と支援別表を重ねる

　下図のように，Q-U のプロットに支援別表の結果を記入していくと，2つの結果をまとめて一覧することができます。色ペンで印を付けていくと便利です。

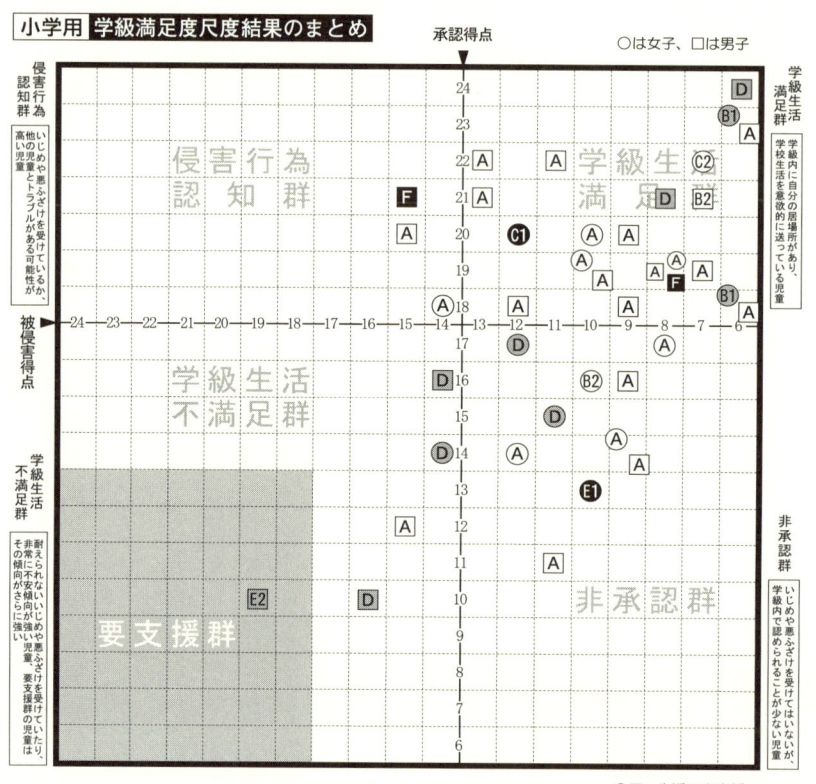

1次支援の子どもの位置をみる

　生活1次支援の子どもは、求められる行動のレベルが教師によって適切に設定されていれば、一斉指導で動くことができる子どもたちです。学級のルールが確立し、そのような子どもたちがしっかりと認められる風土の学級では、ルールを守って生活している1次支援の子どもたちの多くが、満足群に位置するはずです。

　もし、1次支援の子どもの多くが満足群からはずれているとすれば、それはまじめにルールを守って生活している子どもたちが認められる学級にはなっていないということです。さらに、1次支援の子どもの多くが満足群からはずれ、ルールを守れていない2次支援や3次支援の子どもたちばかりが満足群にいる場合は、自分勝手が横行して正義が通らない学級になっていることが考えられます。

　学級集団が崩壊するプロセスを考えるとき、ルールを守って生活していたはずの子どもが不満足群にまで移行したときは、もう打つ手がないというケースが多くみられます。力のある子どもたちに「引き下げの心理」が働くと、周囲の子どもをどんどん巻き込むため、崩壊への大きな流れがとめられないのです。こうなる前に、早期発見・早期対応が欠かせません。

　このような理由から、愛国小学校では、学級経営の状態を見きわめるうえでの一つの指標として、1次支援の子どもたちの満足感がどうなっているかを調べています。

　また、1次支援の子どもたちへのかかわりから始めて、学級全体の満足感を高めていくことが、3次支援の子どもたちにとって所属感をもつことのできる学級づくりにつながると考えています。

学級状態の指標

　このような理由から、愛国小学校では、学級経営が適切に行われていることを知るための一つの指標として、1）一斉指導で行動できる子どもが学級に65%以上いて、2）その子どもたちのうちの7割以上が学級生活に満足しているという状態を、暫定的な目標に据えています（P.58、図参照）。

　生活1次支援児の割合を学級の65%としたのは、学級全体の約2/3ということを意味しています。一斉指導で動ける子どもが学級の2/3に達していない場合、担任1人の体制による学級経営はむずかしいと考えました。

　次に、1次支援の子どもの満足群率ですが、これは、一斉指導に従い、ルール

を守って生活している子どもたちが，学級で認められているかどうかの一つの目安と考えました。70％という割合は，特別支援部が観察している中で，「まとまっているなぁ」と思われる学級がこの数字をクリアしていたので設定しました。

　なお，これは共通の目標をもつための数値であり，はじめからアセスメントの結果がこの数値を達成していなければならないということではありません。また，学年や学級によって，実態から目標値までの開きには差があります。どの学級も一律に達成できたらよしというものではないということを，共通理解しました。

イメージ図

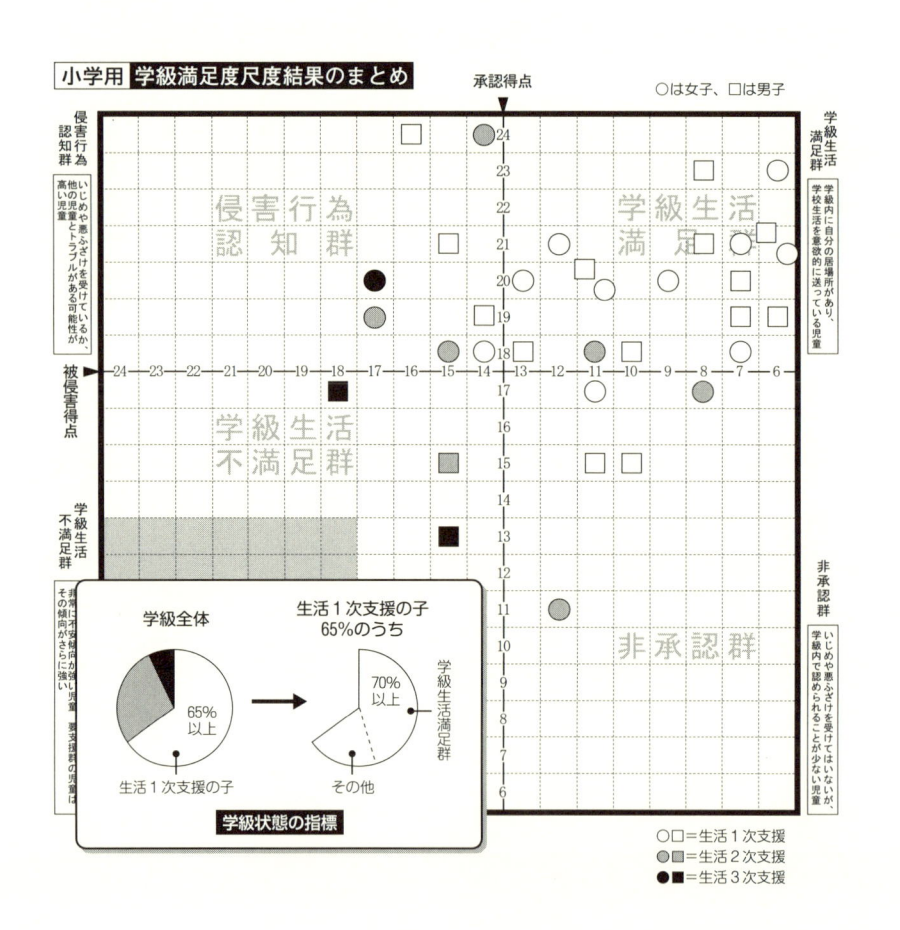

コラム⑤

集団の「4つの落とし穴」

　子どもたちの人間関係が狭く閉ざされていることに悩む教師は多いものです。その傾向は思春期の女子に強く，小グループ化がよく起きます。仲間はずれにされて休み時間にひとりぼっちでいる子を見かけても，話し相手をするよう周囲の子どもへ強制できないところがむずかしいところです。

　周囲の子どもに対して，「一対一で話すといい子なのに，何であんなことをやるのだろう」「あの子がよくわからない」という言葉をよく聞きます。しかし，ここには，「集団になると違う思考回路が動き始める」という視点が抜けているのです。

　集団に合わせ，本音とは違う言動をとる子どもはたくさんいます。そのような自分に悩み，自傷を行う子どももいます。また，つらさから自分を守ろうと，人の痛みがわからなくなるように，自らの感性を麻痺させていく子どもたちも数多くいます。

　集団になると子どもが変わるのは，あたりまえのことなのです。その変化に驚き，「あの子が信じられない」となると，児童理解はむずかしくなるばかりです。

　次の「4つの落とし穴」は，集団心理から生じる負の側面です。

1．「匿名性」　自己の言動に対する責任感と，自分らしさの発揮がなくなる
2．「暗示性」　まるで伝染するかように，みなと同じ考えや感情をもちやすくなる
3．「感情性」　感情的になり，論理的に考えられなくなる
4．「力の実感」　自分たちが強くなったような気がする

　落とし穴にはまり，「べつに意地悪や嫌がらせなどしてない。いじめはしていない」と集団全体が言い始めたら，「先生の話（お願い）」を粋に感じて動いてくれる子どもはいなくなります。特別支援を必要とする子どもとのかかわりでも同じことです。

　そこで，予防的生徒指導の一環として，「4つの落とし穴」を前もって子どもに告げておきます。さらに，「落とし穴」の危険性を意識しながら，自分も相手も大切にする自己主張のスキルトレーニングを行います。わがままとは違うその子らしさや，「みんなちがってみんないい」という協調性を育てていくことにつながります。

　また，集団のメリットを話します。一人では楽しくないものが，みんなと一緒なら楽しくなったり（所属欲求が満たされるからです），一人では時間がかかることが，みんなとは短時間でできたりします。「人は，つながりの中でしか生きられない生き物だ」という真実を教師が伝える中で，他者とのかかわりについて考えさせていくのです。

第4節

校内の共通尺度づくり

1　愛国小の共通尺度

　「支援別表」で子どもの行動を3段階で判定するために，愛国小学校では，校内で共通の尺度を用いています。

　取り組みの1年目には，河村茂雄の示す大まかな基準（P.54参照）にそって，各教師の主観で子どもたちを分けていました。しかし，実践した教師から「共通の尺度があったほうがよい」という意見が出たことを機に，校内で共通の尺度を作成することにしました。それが右の表です。

基準づくりは「共通の視点」づくり

　共通尺度づくりにあたっては，特別支援部が原案を作成し，それを，低学年・高学年のブロックごとに検討してもらい，最終的に1つにまとめました。

　共通尺度づくりでは，このような話し合いの過程が大切だと考えています。学校の実態にあった基準であることは大切ですが，それよりも，基準づくりによって愛国小学校の教師たちが子どもを理解するときの「共通の視点」をもてることがまず優先されると考えています。

基準とする項目の条件

　共通尺度の項目は，どの教師にとっても見きわめがしやすいものになるように考えました。例えば，その子どもが1次支援なのかどうかの区別は，何らかの記録に基づいて，できたかできないかをだれでも明確に評価できることが原則です。

①より具体的で，②肯定的な表現を心がけて項目を作成しました。

愛国小学校の支援別表の基準

生活面

生活1次支援	**次のすべてに該当する場合** (1) 忘れ物をした日が1か月に5日以内。 (2) 遅刻（通院を除き，8：20までに登校していない場合）が，1か月に3日以内。 (3) 始業時刻に，毎日，自分の席に座っている。 (4) 教師に3回注意されても行動を変えない日が，1か月に3日以内。 (5) 友人間のトラブルの中心で教師が指導をする場合が，1か月に3回以内。 (6) 当番活動で，教師や児童に注意（クレーム）されることが1か月に2回以内。
生活2次支援	**1次支援，3次支援のどちらにもに当てはまらない場合**
生活3次支援	**次に1つでも該当する場合** (1) 忘れ物をした日が1か月に15日以上。 (2) 遅刻（通院を除き，8：20までに登校していない場合）が，1か月に10日以上。 (3) 始業時刻に，自分の席に座っていないで注意される日が1週間に4日以上。 (4) 教師に3回注意されても行動を変えない日が，1か月に10日以上。 (5) 友人間のトラブルの中心で教師が指導をする場合が，1か月に10回以上。 (6) 当番活動で，教師や児童に注意（クレーム）されることが1か月に6回以上。

学習面

学習1次支援	**対象とするすべてのテストで該当する場合** テストの点数が，（100満点で）85点以上である。
学習2次支援	**1次支援，3次支援のどちらにもに当てはまらない場合**
学習3次支援	**対象とするテストで1つでも該当する場合** テストの点数が，（100満点で）60点未満である。

2 共通尺度を用いてからの変化

　表1は，愛国小学校で，共通尺度を決める前と後での，生活3次支援の子どもの人数の変化です。7月（共通尺度なし）と11月（共通尺度あり）を比較すると，生活3次支援の子どもが大きく増加していることがわかります。

表1　生活3次支援の児童数（支援別表より）

	1年	2年	3年	4年	5年	6年	全合計
2006年7月 共通尺度なし	5人 (5.1%)	17人 (15.0%)	9人 (7.5%)	14人 (11.8%)	5人 (4.0%)	11人 (7.9%)	61人 (8.5%)
2006年11月 共通尺度あり	13人 (13.1%)	12人 (10.6%)	18人 (15.0%)	32人 (26.9%)	15人 (11.9%)	16人 (11.5%)	106人 (14.8%)
比較	+8人	-5人	+9人	+18人	+10人	+5人	+45人

　この理由として考えられるのは，愛国小学校で話し合って決めた共通尺度の基準が全体的に厳しいものであるということです。一見して問題がないと思われる子どもにもズレの起きている可能性はあり，よりきめ細やかに子どもたちをみていこうという姿勢が強く表れた結果だと考えられます。また，共通の尺度を決めたことで，教師の見方のばらつきも少なくなったと考えられます。

　次に，表2は，LD，AD/HD，高機能自閉症など，発達障害の疑いがあると担任が感じている児童の人数です。2005年（取り組み以前）と，2006年（取り組み後）では，人数が大幅に減少していることがわかります。

表2　発達障害の疑いがある児童数（教師の意識調査より）

2005年5月	47人　(6.3%)	取り組み前
2006年11月	19人　(2.6%)	取り組み1年目

　2006年11月のアセスメントでは，3次支援の子どもが大幅に増えているにもかかわらず，発達障害が疑われる子どもの数が減少しています。この理由について，子どもたちのアセスメントに真剣に取り組み，共通の尺度をつくっていく過程で，先生方の子どもをみる目が変わったからではないかと考えています。

問題行動のある子どもを，たんに「困った子ども」とだけとらえていた時には，効果的な支援の糸口は見つかりません。「こんなにうまくいかないのは，この子にきっと障害があるからだ」と結論づけたくなります。しかし，よく子どもを観察して，教師自身の対応を変えてみると，子どもの行動も変わってきます。そうすると，なぜ子どもが問題行動を起こしていたのか，理解が深まってくるのです。理解が深まると，子どもが困っているのは発達障害があるからなのか，それとももっと別の理由なのか，より見分けがつくようになります。

3　尺度のメンテナンス

　愛国小学校の共通尺度の基準はたいへん厳しいもので，「生活3次支援」に位置する子どもの割合はとても多くなっています。しかし，現段階では，話し合って決めた過程を大切にしていこうということで，この基準で取り組みを進めています。将来的には，1次支援の子どもが70％になることをめどに（P.66参照），基準の調整が必要だと考えています。

実践のための提言②

各学校における共通尺度のつくり方

■深沢和彦■

愛国小学校のケースをもとにしながら，それぞれの学校で基準づくりを行うときの考え方とモデルケースにふれたいと思います。

1 共通尺度とは

支援別表の基準づくり

　支援別表（河村茂雄, P.54参照）は，児童の行動を「学習面」と「生活面」から3段階で評価するものです。①表内の位置を確認することで，その子に必要な支援の総量を，学習支援レベルと生活支援レベルの関数でとらえることができます。また，②表内の人数のバランスをみることで，学級経営における担任の負担を，個別支援の必要量と一斉指導の必要量の総和でとらえることができます。

（学習面）

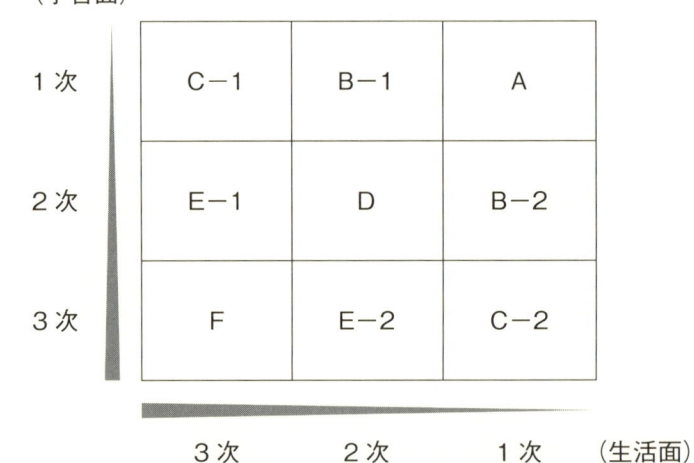

	3次	2次	1次
1次	C-1	B-1	A
2次	E-1	D	B-2
3次	F	E-2	C-2

　　　　3次　　2次　　1次　（生活面）

（1次支援）担任教師が行っている一斉指導に自ら参加できる子
（2次支援）一斉指導の中で，教師のさりげない配慮と支援が必要である子
（3次支援）一斉指導に参加するには，特別な支援が必要である子

愛国小学校では，教師間の評価のぶれが少なくなるように，話し合いで学校の実態に合った基準づくりを行っています（P.67参照）。

学習面においても生活面においても，学校によって児童の実態が異なるのは当然のことです。したがって，支援別表の共通尺度は，学校ごとに独自に設定することが望まれます。

共通尺度づくりが連携を生む

共通尺度を作成することの最大のメリットは，校内で「共通の視点」をもち，教師間のぶれ（実態把握のぶれ，指導のぶれ）を少なくできることです。教師間に「共通の視点」が設けられたときにこそ，連携が生まれ，チーム支援が可能になるのではないでしょうか。

したがって，「わが校の児童の支援レベルを把握するためには，このような項目を立てて，基準頻度はこのくらいにしよう」と，校内での検討を経て決める過程に大きな意味があります。はじめは，その規準・基準がしっくりといかなくとも，その時はまた話し合いをもち，改正していけばよいのだと思います。むしろ，定期的に検討する機会をもつほうが，「共通の視点」はつくられていくはずです。

個人内評価にも使える

共通尺度づくりによって，児童の支援レベルを把握するための「項目」と「頻度」が明確にされます。すると，具体的な記録を確認していくうちに，その児童自身の小さな成長に気づくことがあります。

例えば，それまでは「いつも注意される子」という理解だったのが，「1か月に20日注意される子」という見方になることで，「今月は15日しか注意されなかった」という気づきにつながるのです。

このような小さな変化には，教師はなかなか気づけません。数値化してとらえることは，児童の努力や成長を見つけてほめることにもつながります。

2 生活面の基準づくり

　生活面での援助ニーズを共通の基準のもとに把握しようとするならば，その基準は，行動が観察可能であり，頻度が明確になるものがよいと思います。右の表をたたき台として，各学校の実態に応じて項目を加除修正したり，（　　）の中に入れる数値を変えたりしていくとよいでしょう。

　どんな「項目」を選定するかは，それぞれの学校が，何をめざし，何に価値をおくのかによって変わってきます。いっぽう「頻度」は，それぞれの学校が，それぞれの項目に対して，どのくらい指導の力点をおくかという目標に照らして，基準となる値が変わってきます。

　どこに指導の視点と力点をおくのか，教師間のすり合わせをしながら決定していく過程をもつことこそが，最も重要です。

　なお，基準づくりでは，各学級で1次支援の児童の割合が2/3程度になるように設定することが，一つの目安となります。特に，生活1次支援の児童の割合が2/3以下の場合，一斉指導が成立せずに学級担任1人の体制による学級経営は困難だと考えられるからです（河村茂雄『ここがポイント　学級担任の特別支援教育』図書文化）。

　愛国小学校の場合は，厳しい基準を用いて生活3次支援の児童が増えても，チーム支援の校内体制を維持することが可能でした。さまざまな取り組みの成果から，どの学級集団も状態が良好に保たれていて，「個別支援の総量×一斉指導の総量」が，担任1人で対応できるレベルを超えなかったからだと思われます。

　しかし，個々の児童の個別支援の必要量が多かったり，一斉指導のために学級への対応を多く必要とする実態のある学校では，チーム支援のための校内システムが破綻してしまう危険があります。自校のもてる支援の総量から考えて，生活1次支援の児童の割合を一定以上に保つことも必要です。

★生活面の基準例
○生活1次支援……すべて左側の欄に当てはまる場合
○生活2次支援……1次，3次のどちらにも当てはまらない場合
○生活3次支援……1つでも右側の欄に当てはまる場合

生活面の基準　項目例

○基本的な生活習慣に関する項目（家庭の教育力をみる指標）		
・忘れ物をした日が，1か月に（　　）日	5日以内	15日以上
・遅刻した日が，1か月に（　　）日	3日以内	10日以内
・欠席の時の連絡の有無（　　）	必ずある	ない
・(明らかな病気を除く) 欠席が，1か月に（　　）日	3日以内	5日以上
○不注意に関する項目		
・落とし物が，1か月に（　　）個	3個以内	10個以上
・提出物に名前を書き忘れることが，1か月に（　　）回	2回以内	5回以上
○集団行動に関する項目		
・授業開始時（休み時間後あるいは始業時刻）に，自分の席についていないことが，1か月に（　　）回	3回以内	10回以上
・当番活動について，教師から注意を受けることや，ほかの児童から苦情が寄せられることが，1か月に（　　）回	3回以内	10回以上
○友達とのコミュニケーションに関する項目		
・友人間のトラブルを中心として，教師が個別指導する場面が，1か月に（　　）日	3日以内	10日以上
・休み時間に1人で過ごすことが，1か月に（　　）日	5日以内	10日以上
・休み時間に同級生と過ごしていない日が，1か月に（　　）日	5日以内	10日以上
・教師に苦情や被害を訴えてくることが，1か月に（　　）回	5日以内	10日以上
○規律に関する項目		
・同じことを3回注意されても行動を変えない日が，1か月に（　　）日	3日以内	10日以上

3　学習面の基準

　愛国小学校の学習面の基準は，できるだけ教師の主観を排除し，みんなで共通理解できる明確な基準として，単元終了後に実施するテストの得点が選ばれています。教師にとって一番わかりやすい数値であり，おおよその傾向をつかむのに適しています。各学校での基準を決める場合にも，テストの得点を利用するのが便利でしょう。

①校内のテストを基準にする

　アセスメントに使うのは，国語と算数の単元終了後の診断テスト（学習した基本的な内容について出題する到達度テスト）とします。100点満点で学級平均80点前後のテストを選び，学級平均点が著しく低かったテストは対象から除きます。

　複数回（3回以上）の点数を，教科別・観点別に集計して到達度をみます。教科別・観点別にみて，1つでも60％未満の部分があれば，3次支援児とすることにします。

　発達障害の中には，算数障害，書字障害などのように，特定の分野に困難を抱えるものもあります。国語はできるのに算数はまったく苦手である，あるいは計算は得意なのに漢字はなかなか覚えられないというように，能力のアンバランスをチェックするために，教科別・観点別にもチェックを行うのが望ましいでしょう。

> ★点数を用いた学習面の基準例
> 学習1次支援……教科別・観点別にみて，どれもが学級平均以上
> 学習2次支援……1次支援，3次支援のどちらにも当てはまらない
> 学習3次支援……教科別・観点別にみて，1つでも60％未満がある

　3次支援の基準を60点未満（あるいは教科別・観点別に60％未満）に設定した理由は，平均80点のテストで得点が60点に満たない子どもは，実態として，一斉学習についていっているとは言い難い状況にあると考えられるからです。

　また，私の勤務する学校で3回のテストを使って調べたところ，子どもの得点のばらつきを示す指標（標準偏差※）は12～14の範囲でした。低学年ではばらつきが小さく，指標が10以下の学級も見られました。反対に，高学年ではばらつき

が大きくなる傾向があり，指標が15以上になる学級も見られました。

　そこで，一般的な学級のばらつきの指標を仮に13.5と設定し，統計の考え方を参考にして，学級で2～3人（7％程度）の子どもが60点未満になるであろうと予測を立てました。これを，本章の3次支援の基準として用いています。

　ただし，子どもの得点のばらつきがより大きい場合には，上記の基準では，3次支援の子どもの数が多くなりすぎることが出てくると思われます。その場合には基準を引き下げることが必要です。また同様に，基準を引き上げることが必要な場合も出てくると考えられます。学校の実態に合わせて，基準を50～70点の範囲で設定するようにアレンジを加えてください。

※標準偏差（SD：Standard Deviation）……データのばらつきの具合を表す指標。エクセルの関数ツールで，「STDEV」を選択して範囲を指定するだけで，簡単に求めることができる。

②標準学力テストを基準にする

　以上は，市販あるいは教師自作のテストを前提としましたが，標準学力検査CRTを用いた場合は，全国基準に照らして次のような目安が考えられます。

学習3次支援	学習2次支援	学習1次支援
観点別C 評定　1	観点別B 評定　2	観点別A 評定　3

　また，全国標準学力検査NRTなどを用いた場合は，全国基準に照らして次のような目安が考えられます。

学習3次支援	学習2次支援	学習1次支援
偏差値35未満 評定　1	偏差値35～49 評定　2	偏差値50以上 評定　2～3

第4章

アクションの実際

第1節

アクションの目的

　「アセスメントはアクションを起こすためのものである」。
　これが愛国小学校の合言葉です。第3章で述べたアセスメントの3点セット（①Q-U，②児童理解表，③支援別表）を行ったあとは，必ず各担任が具体的な対応策を実行します。
　しかし，ただ漠然と「行動を起こせ」と言われても，有効な解決策が見つからなかったり，検討の時間が足りなかったりする場合もあります。
　そこで，「次のような対応を必ずしましょう」という基本ラインを校内のシステムとして共通理解しました。また，特別支援部が中心となって具体的な行動の選択肢をたくさん提案し，そのなかからできそうなものを選んで，必ずどれかに取り組んでみようということを共通理解しました。
　本章ではその内容を紹介します。

アセスメント３点セットの実施を受けて行うこと

担任が中心になって行うアクション

◎ルールを守って生活している子どもたちが認められる
　学級集団をつくる
　　・一人一人との個人面談
　　・学級経営の見直し

サポートチームが中心になって行うアクション

◎学級経営が困難になっているクラスへのサポート
　　・３次支援の子どもへの個別支援の計画づくり
　　・学級経営へのサポート体制づくり

学校全体で行うアクション

◎アセスメントから自校の傾向をつかんで対策を立てる
　・事実の確認
　　　回答をもとに「いじめ」「不登校」の危険性を調べる
　・各分掌でできることを考える
　　　教務　　　➡　少人数・Ｔ・Ｔ体制の必要性
　　　生徒指導　➡　児童会・委員会活動の方針
　　　研修　　　➡　指導案の検討
◎**教師のスキルアップ**

第2節

担任中心のアクションの実際

1 全員と個人面談を行う

アセスメント3点セット（P.46）でQ-Uを実施したあとは，どの学級でも，子どもと担任の「個人面談」を行うことにしています。

子どもたちは，どの子も配慮が必要です。どの子も教師に関心を寄せてほしいと思っています。ただ，配慮の必要な質と量は子どもによって違いがあり，気づいたらほとんど一対一で向き合う時間をもっていないという子どもが出てしまう場合もあります。そこで，3点セット実施をきっかけとして，最低年2回は，どの子とも担任が膝をつき合わせて向かい合う場面を確保するようにしました。

面談の順番

優先順序を決めて行っている学級もあれば，出席番号順に行っている学級など，さまざまですが，必ず全員の子どもと面談をします。

ただし，次の子どもたちについては，あらかじめ決めた面接の順番がくるのを待たずに，できるだけ早くチャンス相談（タイミングをみて行う面談）を行うことを共通理解しています。

> **★早急に面談を行う子**
> ・Q-Uの位置が，教師のアセスメントとズレている子ども
> ・友達グループ内で，Q-Uの位置が1人だけ落ち込んでいる子ども
> ・「暴力」「登校しぶり」に関する項目で，「よくある」と答えている子ども

> ・支援別表の生活1次支援児で，Q-Uの満足群からはずれている子ども
> ・Q-Uで要支援群の位置にいる子ども

面談の内容

特別支援部では，次のような話題づくりを提案しています。

ただし，Q-Uは子どものありのままの気持ちを聞くためのものなので，子どもの回答をもとに，責めたり問いつめたりすることがないよう十分に留意します。

> **★話題づくりのポイント**
> ・類似する質問項目で違った回答をしている子どもには，状況を確認する
>   ➡特定の個人から攻撃を受けている場合を発見することがある
>   ➡子どもの認知に問題がある場合を発見することがある
> ・ネガティブな回答が多かった子どもには，ポジティブな解答をした項目から話題づくりをする
> ・ポジティブな解答が多かった子どもには，ネガティブな解答をした項目から話題を始めてもOKとする
> ・被侵害得点が高かった子どもには，我慢していることの話を聞いてやる
> ・承認得点が低かった子どもには，がんばりを認めて励ます

Q-Uの集計結果としての数値やプロットをみるだけでなく，一人一人の子どもの回答用紙によく目を通すと，みえてくるものがたくさんあります。

2 学級集団の状態を検討する

アセスメント3点セットの結果は，校内で公表し合い，学年ごとに集まって，これからの学級経営や学年経営の取り組みを検討しています。

特別支援部では，Q-Uを生かした学級経営の進め方を書籍などから学んで，実践のポイントとして以下のことを提案しています。

> **★学級経営の見直しの手順**
> (1)「解決像（目的地）」をはっきりさせる
> (2)「ルール」と「リレーション」のレベルを確認して方針を立てる

(3) 具体的なゴール（行動課題）を決める

(4) 「子どもの評価」や教師同士の「相互評価」を取り入れる

★なれあい型学級の見直しのポイント　➡ルールづくりに焦点化する

①ルールに厳しいことと，ルールを守っていることは違う

②最後の約束をやめる

③「本当にもう，今回だけよ」と許すことをやめる

④叱る時のルールは，あらかじめつくる

⑤これだけは全員が守るという，「クラスの売り」をつくる

⑥教師の言葉に重みをもたせる

★管理型学級の見直しのポイント　➡リレーションづくりに焦点化

①教師の「自己開示」で心の距離を縮める

②小集団での取り組みを増やしていく

③子どもたちの話を真剣に聞くことで信頼感を得る

3　個別支援シートの作成

　学級担任は，すくなくとも各学級の児童1名について，個別支援シートを作成することを共通理解しています。これは，支援ニーズが高い子どもへの対応を考えるためであるとともに，教師のスキルアップがおもな目的です。

　特別支援教育は新しくスタートした取り組みであり，これまでに個別支援シートを書いたことがある教師はほとんどいません。しかし，今後はどの学校・どの学級でも必要とされていくものですから，今こそ練習が必要です。年間の学習会の時間の中に，個別支援シート作成の時間を確保し，その場で実際に書いて見せ合うようにしています。

　愛国小学校では，右のような「個別支援シート」のフォーマットを作成して使用しています。特徴は3つあります。一つ目は，子どもの問題について「原因」探しをするというよりも，その子のもっている「よいところ」に関心を寄せて伸ばしていこうというものです。二つ目は，行動課題をより具体的に決めるアクションを起こしやすくしていることです。最後に，担任以外の教師群の動きを明確にすることで，連携を取りやすくしているところです。

個別の支援計画シート

児童氏名	（男・女）	4 年　組	担任

1．家庭環境・育成歴

○父・母・兄・姉の5人家族
○3年生の後半から「いじめ加害」の中心にいた

2．子どものよい面（プラス面）

	リソース（興味・子どもの資源）	例外（望む状態・よい関係を保てる場面）
学習	・授業中はまじめに取り組む ・2学期に入り、家庭学習をがんばっている ・時間はかかるが計算練習など粘り強く取り組む	・授業中、がんばっていることや家庭学習のことをほめてあげると意欲的に取り組める
生活習慣	・自分のことは自分でできる ・活発に遊ぶ	・友達と仲よく活動できているときは周りのことにも気がつきがんばれる
コミュニケーション力	・自分から積極的に友達に話しかける	・自分が中心になって遊んだり活動する時はとても活発に活動できる

3．学習・生活・コミュニケーション力の長期目標

学習（授業中）	生活習慣	コミュニケーション力
①恥ずかしがらずに自分の考えを発言すること	①忘れ物をなくすこと ②気持ちを穏やかにもち、友達と仲よく生活すること	①友達に対してきつい言い方をせず、優しく接すること ②友達の気持ちを考えてあげること

4．短期目標と具体的取り組み・教師群のかかわり（子どもが考える目標も入れるのがベスト）

	短期目標（具体的行動事例）	具体的な取り組み（働きかけ）		教師群のかかわり
学習	①班（小グループ）の中で自分の意見が言える ②挙手する場面・発表する場面をつくる	①授業の中で、必ず小グループでの発表し合う場面をつくる ②だれでもわかる問題を授業中に用意して挙手させる	担任	○授業の工夫（挙手増・発表場面増） ○他とのかかわりをする学級活動の試み ○情報収集（班長・学級三役会議）
			管理職	○場合によっては、本人との教育相談 ○定期的な担任との情報交換
生活習慣	①自分の忘れ物の状態を知って、短期目標を決める ②他人の様子や自分との関係を客観的にみられる	①忘れ物検査をして1週間の量を調べて目標を決める ②定期教育相談（週1回）をする中で周りの子もの様子を聞く	コーデ	○支援計画の検討と助言 ○全教職員への報告
			学年	○学年活動でのアセスメント ○学年活動での情報収集
コミュニケーション力	①使ってはいけない言葉か言い方をひとつだけ決める	①学級みんなの取り組みなどに広げてアンケートを取り、学級で使っていけない言葉ベスト3を貼り出す ②周りの女子に聞いて使ってほしくない言葉を聞き出す	担任外	○授業の際のアセスメント
			養護	○保健室に来た場合の受容（最近の様子を聞く）
関係づくり	①伝え方のスキルを教える ②注意するときは淡々と伝える ③自分（担任）の気持ちを伝える ④1日1回は、世間話をする		心のケア	①日記で、「よいところ探し」をしてあげる ② ③
課題と変容				

第3節

チームを中心としたアクションの実際

1 適応指導委員会によるチーム支援

　アセスメント3点セットの結果は校内で公表し合い，Q-Uで「要支援」に位置した子どもや，支援別表の3次支援の位置にいる子どもは，サポートチーム（適応指導委員会）の援助対象にすることを校内で共通理解しています。

　特別支援部と学級担任が相談して，要望があれば「適応指導委員会」を開き，その子どもへの支援計画を考えていきます。また，特に要請がなくても，少人数指導やT・Tなどで学級に入った教師の観察上，指導・支援が必要だと思われる子どもには，担任に声をかけてサポートチーム（適応指導委員会）の援助という形で介入していきます。

　指導計画を立てるにあたっては，担任が作成した個別支援シートをもとに，特別支援部で具体的な援助の方針と内容を作成します。一定期間の援助を行い，そのあとに評価を行って，再び支援計画を改善していきます。

　適応指導委員会はメンバーが限定されていますので，ここで話し合われたことは，必ず全教職員に報告して，学校全体での共通理解を得ます。また，全教職員にも，何らかの形でかかわってもらうように，課題を決めてお願いします。

　事例によっては，適応指導委員会を招集せず，担任と特別支援教育コーディネーターとの話し合いだけで指導や支援の計画を立てて終わる場合もありますが，この場合も，必ず管理職へは報告をします。情報をオープンにすることで，特定の事例が学校全体の問題として一般化され，「参画意識」や「危機管理意識」を高めたり持続していくことにつながります。

2 専門家チームとの連携

　釧路市は特別支援教育のための専門家チーム（医療関係者・教育委員会）があり，要請すれば各学校を訪問してアドバイスを行ってくれます。愛国小学校でも，発達障害の診断がおりている子どもや疑いがある子どもに対しては，専門家チームと連携して対応しています。

　専門家チームには，授業中の子どもの様子（担任とのかかわり，周りの子どもとのかかわり，教室環境）を実際に見てもらい，対応のアドバイスをもらいます。

　このとき，日常の子どもの行動記録を正確に多くとって用意しておくことが，連携をとるうえでの大きな材料になります。当日だけでは，子どもの様子を見てもらえる範囲が限られてしまうからです。抽象的な表現を避けて，より具体的に書くことが重要です。

　書き方のポイントは，「いつ」「どこで」「だれを相手に」「何を」「どのように」という観点で，教師の主観を入れずに，「ありのままの事実」を書き取ることです。

　これには，ある程度の訓練が必要とされます。しかし，訓練次第でだれでも身につくものであり，決してセンスの問題ではありません。むずかしいものでなく，むしろ手間のかかることだという認識をもつことです。

第4節

学校全体でのアクションの実際

1　教師の行動課題の確認と学期ごとの反省・評価

　「ズレ（不適応）」を起こさないという目標のもと，教師の行動課題を提案し，「最低限これだけは守ろう」ということを共通理解しています。取り組みについては，学期ごとに各項目の自己評価を行い，結果を公表しています。

★教師の7つの行動課題

学級とのかかわり	①Q-Uテスト後には，すべての子へ面接する
子どもとのかかわり	②清掃指導をしっかり
家庭へのかかわり	③休んだ子ども，放課後の学習支援で保護者への電話連絡
教室環境の整備	④教師の机・棚の整理　　⑤聞くスキルの徹底
生活環境の整備	⑥定時に教室に行く　　　⑦指示の短文化

　愛国小学校では，これらの行動を校内のシステムとして位置づけることで，教師によってのばらつきをなくすとともに，一人一人の「資質向上」につながると考えました（「システムづくり」が「人づくり」へ）。

　項目の一つ一つをみれば，教師として当然の行動課題ですが，実際に行っている程度にはばらつきがあります。どこの学校でも，「あの先生には，何回も言ってるんだけどねぇ」という管理職の声とか，「担任によって対処が違う」という保護者の不満の声を聞くことがあると思います。

　教師によって対応にばらつきがあることは，子どもや保護者のとまどいや不公平感につながります。教師の個性はいろいろあってよいのですが，学校として共

通した対応レベルを統一することは，子どもや保護者に安心感を生み，信頼関係を強くします。教師の行動のすべてを「個人の問題」と片づけるのでなく，「学校経営」として教師全員の問題であるという意識をもつことが大事であると考えました。

　また，教師たちが統一した行動をみせることは，子どもたちに対して，「きまりを守る」という行動のモデルを見せることになります。子どもたちに求めるものを，自らがまず実践するという心構えをもち，望ましい行動モデルのシャワーを「より早くより多く」子どもたちにあびせかけたいものです。

2　学級経営案の見直し

　愛国小学校では，「学年経営案」を作成したあとに，それを受けて各学級の「学級経営案」を作成することにしています。学年の目標を共通理解したうえで，それを土台に各学級の実態に合わせた具体的な目標を考えるのです。

　またこれらの経営案には，必ず具体的な子どもの行動課題を盛り込むことを共通理解しています。

　学級方針によくある例として，「規律を守る学級」などの抽象的な表現があります。これだと，達成できたかどうかの評価がどうしても甘くなります。厳密に結果を求められないとなれば，取り組みもいい加減になりがちです。「全員が名札を胸に付ける」などのような，できたかどうかがはっきりとわかる内容を目標に入れると，取り組みも具体的になります。

	学年経営案	ある学級の学級経営案
生徒指導分野	・名札を必ず付ける。 ・教師に対する友達言葉を直させる。人を傷つける言葉は使わない。	・朝の会を始める時には名札を付けるルールにする。 ・ソーシャルスキルトレーニングや構成的グループエンカウンターの授業を随時取り入れ，人とのかかわり方を深めさせる。
教科指導分野	・漢字ミニテストを国語の時間で実施する。 ・間違いを大切にした授業（発表の機会を多くする）を心がける。 ・家庭学習に取り組ませる。	・漢字20問テストを実施する（誤答率を調べる）。 ・グループ学習を取り入れて話し合いの時間を必ず取る。 ・「天才ノート」を毎日継続させ，自学自習の習慣をつけさせる。

3　生徒指導事例と指導内容の交流

　愛国小学校では，1学期（5月ぐらい）に，各学級における子どもの情報交流を行っています。このような交流はどこの学校でも行っていることだと思いますが，情報交換だけでなく指導スキルのアップにつながるような工夫をしています。

　多くの学校では，「困っている子どもの様子」（行動事例）を報告し合って，子どもの存在を共通理解したら，あとは「みんなでみていこう」といって終わる場合が多いと思います。愛国小学校では，「困り感」のある子どもの行動事例をできるだけ具体的に紹介したうえで，それに対してどのような指導を行っているかまでを交流することにしています。

　同じような子どもの行動事例は，どの学級でもみられるものです。しかし，それに対する指導の内容は，担任によって異なっています。それを交流することで，教師の指導スキル向上につながると考えました。

　以前は，交流の時間を放課後に1時間程度確保していましたが，特別支援の学習会の時間を優先するため，最近では発表形式から短時間でできる「紙面交流」の形に変えました。このほかに，週1回の学年研修の時間でも交流をしています。

　では次に，紙面交流を行った5年生の事例を紹介します。どの子どもも生活3次支援児と押さえられており，前担任から引継ぎのあった子どもです。適応指導委員会にはかけず，担任の指導で経過観察した結果，行動が改善されました。

（例）

	子どもの様子	現在の指導内容
A児	○マイペース。周りの状況に合わせない。 ○遅刻が多い（4，5月で15回）。 ○体調不良を訴え，毎日保健室へ行く。（自律神経失調症と診断） ○忘れ物が多い（4，5月でのべ49個）。 ○漢字テストは5～10点。 ○問題や作業ができないと，泣きながらぐずる。 ○よくしゃべるが整合性がない。非現実的（空想的）な話をする。	①ペナルティの約束を決める。 ・朝学習の残り　➡　休み時間にやる ・プリントの残り　➡　休み時間にやる ②互いに条件を出して契約を結ぶ。 （○は担任，●は子どもが出した条件） ○1時間休んだら，次の時間は授業に出る。 ●忘れ物が続いたら，先生が宿題を出す。

	○家庭は複雑で，寝る時間が遅い（保健室で熟睡することが多い）。 ○休み時間は，１年生の子と遊ぶことが多い。	●緊張感がなくなったら立つ。 ③A児への対応に区別が必要であることを，学級の子どもたちに伝える。 ・みんなで言わないで，班長が指示を出す。 ④ペナルティがたまったら，一度リセットする。
B児	○忘れやすい（宿題，道具，当番など）。 ○一生懸命な姿勢をみせない（失敗を恐れているようにみえる）。 ・途中であきらめる，だらだらやる，雑にやる。 ○場にそぐわない発言が多い。 ・試合に負けたのに「勝った勝った」。 ・真剣に答える場面で冗談を言う。 ○漢字テストは５〜10点。 ○お腹をくだしやすく，帰宅途中や教室内でもらすことがあった。	①ペナルティの約束を決める。 ・宿題忘れ ➡ 休み時間にやる ・当番忘れ ➡ 一人でやる ②できている場面を見つけたり，意図的にできる場面をつくったりして，事実を話して認める。 ・姿勢よく目を見て怒られた 　　　　　　➡責任感がある ・漢字の追試で合格した 　　　　　　➡根気強さがある ③ペナルティがたまったら，一度リセットする。
C児	○無気力を装う。 ○「どうせ無理に決まっている」という言葉を，４月はよくつぶやいていた。 ○体育・リコーダー・漢字は，取り組みをしようとしなかった。 ○「みんな責任をもって取り組むようになってきたよ」と教師がみんなをほめた際，「先生が怖いからでしょ」と言う。 ○できない・だらしない状態を保つことで自分の存在感を感じている（周囲のレッテルができている）。	①ペナルティの約束を決める。 ・宿題忘れ ➡ 休み時間にやる ・当番忘れ ➡ 一人でやる ②新しいポジティブなレッテルを意図的につけて，周りに認めさせる。 ・面白い発言 ➡ 観察力がある ・各種の取り組み ➡ 勇気がある ③互いに条件を出して契約を結ぶ。妥協点を見つける。 ・放課後居残りは，自分の選択で ・先生は叱るときに大声を出さない ④ペナルティがたまったら，一度リセットする。
共通		①子どもと教師で話し合い，きつかったらルールを修正していくことをあらかじめ確認する。ただし，やらなければいけないことは，方法を変えても必ずやることを確認する。 ②保護者には，子どもとの関係が軌道に乗るまで，ストレスから「登校しぶり」「体調不良」が出てくる可能性を示唆しておく。その兆候が出てきたときは，すぐ連絡をしてほしいと頼む。

第5章

学習会の実際

第1節

学習会の目的

　特別支援教育の取り組みを全校のものとしていくために，愛国小学校では年10回程度の「学習会」をもちました。

　学習会のテーマ選びでは，愛国小学校の教師集団が共通理解をもって行動していけるということを第一の目的としました。子どもをとらえる枠組みを共有していれば，それぞれの教師がもつ自由な発想やアイデアを，互いに生かしあっていくことが可能になると考えたからです。多くの学校でも苦労しているのが，この共通理解をつくる部分だと思います。

　講義形式以外にも，Q-Uの結果を解釈する作業や，支援別表の記入をその場で行ったり，アセスメントの意義について共通理解を図ったり，われわれがどのように子どもを理解するのかを教育相談の手法を交えて学んだりしながら研修を深めました。また，発達障害についての知識的な理解をたすけるためには，特別支援部で資料を作成して便りを配布しました。年間で取り上げたテーマについて次ページに示します。

　本章では，「アセスメント」について，愛国小学校で共通理解をつくり上げるために取り上げた内容を紹介します。

学習会の年間計画例

平成17年度のテーマ	平成18年度のテーマ
5月 　アセスメントとは 6月 　Q-Uの見方と活用 8月 　構成的グループエンカウンター 　ソーシャルスキルトレーニング 9月 　学級アセスメント 10月 　不登校 11月 　ブリーフセラピー 12月 　児童理解表の記入について 1月 　Q-Uの結果の分析について 2月 　個別支援シートの記入について 3月 　支援別表とQ-Uの比較	6月 　Q-Uの見方と活用 7月 　支援の必要な児童の実態 　取り組みの方法 9月 　Q-Uのアセスメント 　アセスメント後のアクション 　Q-Uと支援別表からわかること 1月 　軽度発達障害の理解と支援 2月 　Q-Uの分析 　今年度の課題と成果 18年度は，年間の研修時間の中に，児童理解表や個別支援シートなどを作成するための時間や，話し合いの時間も組み込んだ。そのため，純粋に学習会として確保した時間は減少している。

研修ノート1

アセスメントは何のためにするのか

✓ アセスメントはアクションを起こすためにする

　アセスメントの目的は，行動（アクション）を起こすことです。
　例えば，ある子どもに対して，「この子は〜だから仕方ない」と考えたら，その子へのかかわりは終わってしまいます。しかし，「この子は〜だから，どうすればできるようになるだろうか」と考えたら，実際に子どもは変わってきます。それは，教師の子どもへのかかわり方が変わるからです。
　子どもが変わるかどうかは，アセスメント次第という部分があります。そして，われわれの子どもへのかかわり方も，アセスメントによって決まってくるのです。

アクションを起こすアセスメントの例

漢字テスト（百点満点）がいつも5〜10点の男の子に対して

× 「あの子はLDだ。だから仕方ないんだよなあ」

○ 「練習しても漢字が書けないのはLDのようにみえるけど，どうかかわっていけばよいだろう」

家庭環境が悪い。遅刻・忘れ物がひどい女の子に対して

× 「あの子は家が大変なんだ。家庭があれじゃ仕方ないよ」

○ 「あの家庭の状態で，あの子ががんばれるのはなぜだろう」
「あの家庭環境でもできることにはどんなことがあるだろう」

算数ができない運動神経のいいおとなしい女の子

× 「算数はできないけど，クラスで一番足が速いからいいじゃないか」

○ 「君は走っている時のがんばりがすばらしい。それを計算の場面で生かせないかな」

コラム⑥
自分勝手な「子ども理解」にご用心

　「どの子もいいところをもっている。いいところがあるから，そこに目を向けていこう！」。これは，とても大切な考え方で，異論を挟む人もいないでしょう。では，「あの子はこんないいところがあるから，別にできないところがあってもいいんじゃないか」という考え方はどうでしょう。私は疑問に思います。しかし，そのように考えている教師は意外と多いのです。

　ある個人面談の時，5年生の女の子が，泣きながら話をしてくれたことがあります。算数がまったくできず，ほとんどしゃべらないA子は，中学年の時に「算数ができなくてもいいじゃない！　あなたはクラスで一番足が速いんだから！」「人間，だれでも得意・不得意はあるんだから。先生は気にしていないよ」と何回も言われて，この励ましがとっても嫌だったと涙ながらに語ってくれました。

　A子にとっては「君は，算数はもうダメだ！　あきらめなさい」と言われているように感じられたのです。算数ができないことを自分でもよくわかっていたけれど，それでもA子はできるようになりたかったのでした。

　教育実習の時の教え子で，暴走族のリーダーまでやったB男は，現在，飲み屋で働いています。あるとき私が軽く言った「店を切り盛りしてがんばっているなぁ。世の中勉強がすべてじゃないよ！　ほかに大事なことがあるよ！」という言葉に，「それは，勉強のできる奴の言う言葉だ！　俺だって高校に行きたかったよ」と涙声で噛みついてきました。励ましたつもりが逆効果でした。

　その子のいいところを伸ばすのは大切ですが，子どもの思いとは別に自分勝手な解釈をすることは，子どもの勇気をくじいてしまいます。「子ども理解」という名のもとに，実は子どもを傷つけている場合があるのです。

　学校は「学習の基礎基本を身につける」「社会性を身につける」ための場所であり，子どももそれを望んでいるのだということを忘れてはいけません。私たちは，常にアクションを起こすために子どものことを理解するのです。アクションを起こさない「子ども理解」なら意味がありません。

研修ノート2

アクションにつながるアセスメントの［ポイント1］

✓ 「原因探し」ではなく，「解決志向」で考える

　子どもに問題行動があるとき，その「原因」を探して取り除こうとするのでなく，「（この先）どうすればよくなるのか」という観点で子どもの現状をアセスメントします。解決志向アプローチの考え方です。

　原因探しをすれば，あれもこれもとたくさんの要素が出てきます。このように原因探しをすることで，子どもの状態がよくなるならどんどん探せばいいのですが，そうでないなら「解決方法」に目を向けたほうが建設的です。

　解決方法に目を向けるためのポイントが2つあります。

リソースを探す

　人は，多くのリソース（資源）をもっています。リソースとは，興味・特徴・家族・友人関係など，その子どもがもっているものや周りにあるもののことで，すべて解決のために使うことができると考えられます。

　例えば，次のようにリソースを生かした言葉かけをすることができます。

（例）

生活習慣が不規則で規律を守れない　←　ゲームが大好き　　リソース

「今までの君をリセットしないかい」
「今悩んでいるステージをクリアして，次のステージを攻略しよう」

校則の服装が守れない　←　部活をがんばっている　　リソース

「試合の時に，自分勝手なユニフォームを着てくる奴がいたらどう思う？」
「何で，試合の時はチームごとにユニフォームが決まっているんだろう」

例外を探す

　問題行動が頻発している時にも，本人や周りが気づかないだけで，実は「うまくいっている場合」「解決している場合」が必ずあります。そのような例外を探します。例えば，よくキレる子どもに対しては，「キレていない，穏やかな時」という例外（既にうまくいっている場合）を探します。

　例外には，次の２種類があります。「意図的例外」をたくさん見つけることが，解決への近道です。

> 「偶発的例外」…… 天気など偶然からうまくいくもの
> 「意図的例外」…… 何らかの行動でうまくいくもの

　「この子の例外はどんな時に起こっているのだろう？」と，常に例外探しをしていると，子どもの意外な一面や，「そうか，こうすればいいんだ！」という行動のヒントを見つけることができます。

　例外が見つかったら，うまくいっている時があることを本人に教えます。「僕は，解決能力をもっているんだ！」ということに気づかせることが大事です。

　さらに，その「例外」が常に実行できて，「例外」ではなく「あたりまえ」のことになるように導きます。われわれは，「成功体験」のレシピをつくって，子どもに渡してあげられるように手助けをするのです。

✓ リソースを見つけたら，かかわりを仕掛ける

リソースは必ず見つかる

　同じ物事でも，人によって見方や感じ方が異なり，ある角度でみたら長所になり，また短所にもなります。ある「枠組み（フレーム）」でとらえられている物事の枠組みをはずして，違う枠組みでみることを，心理学ではリフレーミングといいます。リソース探しにもリフレーミングを応用します。

　リソース（資源）が見つからない時，それは「問題」と思われることの周辺に隠れています。連想ゲームをやるがごとく「問題」を「能力」とおきかえて考えると，その子の新たなリソース（資源）が浮かんできます。

> （例）　あの子は，『引っ込み思案』の【問題】がある
> 　　　　　　　　　　↓
> 　　　　あの子は，『引っ込み思案の』の【能力】がある
> 　　　　　　　　　　↓
> 　　　　『引っ込み思案の』の【能力】とは……
> 　　　　**『慎重』『聞き上手』というリソースだ！**

　さらに，そのリソース（資源）をどのような場面で生かせるかを考えると，アクションを起こしやすくなります。

> （例）
> ○「君は『引っ込み思案』な子じゃなくて『慎重』な力を持っているんだよ。それは，決して恥ずかしいことじゃないよ。『慎重』な力は過ちを防ぐ大切な力だ」「その『慎重』な力で感じた，この前の○○の件だけどちょっと話してくれるかい？」
> ○「君は，『引っ込み思案』な子じゃなくて『聞き上手』なんだよね。周りがみんな喋ってばかりだとまとまるものもまとまらないよなぁ。いつも聞いてくれてありがとうね」「知ってるかい，本当に『話し上手』な人はすべて『聞き上手』なんだよね」

場面は教師がつくる

　【問題】を【能力】におきかえてリソースを発見したあと，そのリソースをどう生かすのかを考えたら，実際に子どもとの関係づくりを仕掛けていくことです。おきかえるだけでは，何にもなりません。

　大事なのは，「こんな場面があれば，この子はうまく力を発揮できるな」「こんな場面があったら，その力を使おうかな」というアイデアをそのままにしないで，実際にそのような場面をつくり出すように，子どもとのかかわり方を工夫することです。

　そのためには，「この子のリソースは何だろう？」と考えるのと同時に，「私のリソースは何だろう？」と教師自身についても探しておくことが大事です。

（例）

問題	リソース	リソースを生かしたかかわりの例
よくキレる	「とても活動的」「パワー満点」	「そのパワーを使って，今日の雪かきで隊長をしてくれないか」
嘘つき	「想像性豊か」「頭の回転が速い」	「この次の総合学習のアイデア募集で力を発揮してほしい」
人の欠点を言ったりあげ足を取ったりする	「観察力が鋭い」	個人面談で「学級のよいところ」を自慢の「観察力」で探してもらう

＜アドラー心理学の参考になる本＞
1) R.ドライカース『アドラー心理学の基礎』一光社
2) R.ドライカース／V.ソルツ『勇気づけて躾ける』一光社
3) 野田俊作『アドラー心理学トーキングセミナー－性格はいつでも変えられる』星雲社

研修ノート3

アクションにつながるアセスメントの [ポイント2]

✓ 不適切な行動が起きている「関係」をみる

ある状況で	………	教室で授業中
ある目的で	………	自分に目を向けて欲しいから
ある相手に	………	担任の先生に
どんな行動を	………	泣いてぐずる

　子どもの「不適切な行動」に出合った時には、出来事を上記の4つの視点から分析してみます。そして、子どもが起こしている行動は、どのような環境・関係の中で行われているのかを、一歩下がって、冷静に見つめてみます。アドラー心理学をもとにした考えです。

関係で行動が変わる

　人は、相手との「関係」や「環境」によって行動が変わります。接する相手や場所によって態度が変わってしまうことは、われわれにもよくあることです。

　子どもが不適切な行動をやめないのも、相手とそういう「関係」ができているからだと考えます。また、その行動で何らかの「目的」が達成できているからだと考えます。例えば、よく嘘をつく子どもは、嘘をつく必要のある関係がそこにできていて、ある目的が達成されているから続けてしまうのだと考えます。

　多くの場合、子どもは自分に関心を寄せてほしいという目的で、いろいろな「注目行動」を起こしています。「注目」という目的が達成されるのであれば、方法はどんなものでもよいわけです。

　ふだん認められることが少ない子どもは、不適切な行動で関心をひこうとします。それをやめさせようとして周囲が関心を寄せると、「注目行動」の目的を達成させてしまうことになります。結果が叱られる内容でも、目的は達成されてい

ます。これでは、子どもは行動をやめるわけがありません。

　ある行動に関心を寄せると、そこが強化されて、行動の頻度が増えてしまうという法則があります。周囲が注目を寄せれば寄せるほど、その行動が強化されてしまうのです。

　われわれが、関心をどこに寄せているかということは、アセスメントをアクションに結びつけるうえでの大きなポイントになります。

関係をみるためのチェックリスト

(1) **子どもの行動の流れはどうなっているか？**
　　①子どもはどんな時に、その行動をするのか。（左の4つの視点で観察する）
　　②周囲はそれに対して今までにどんな対応をしてきたのか。
　　③その効果はどうだったか。

(2) **子どもは、自分の行動が不適切だったか知っているか？**
　　・知らなかった場合　➡　不適切だということを教える
　　・知っていた場合　　➡　「どんな気持ちだったか？」を尋ねる
　　　　　　　　　　　　　　「今はどんな気持ちか？」を尋ねる

(3) **子どもは、より適切な行動を知っているか。**
　　・知っている場合　➡　次にどのような行動をするか考えてもらう
　　・知らない場合　　➡　いくつか紹介して選んでもらう

(4) **子どもが適切な行動をしている時に、周囲が無視をしていないか。**
　　・「できてあたりまえ」としない。
　　・適切な行動に注目して、認めることを繰り返す。

(5) **不適切な行動に、「正の注目」や「負の注目」をしていないか。**
　　・不適切な行動への注目をやめる。
　　・正の注目（ほめる）も負の注目（叱る）も注目には変わりなく、これでは「注目してほしい」という子どもの目的は達成し、行為は続いてしまう。

✓ 「不適切な行動」へは淡々と対処する

　不適切な行動に関心を寄せてはいけないといわれても，では「不適切な行動」をそのままにしておいてよいのかという意見があります。

　もちろん，「その場において不適切な行動であること」「適切な行動とはどうすることか」を，子どもに学習させることは必要です。ただ，指導の方法をちょっと考えてほしいのです。

　コミュニケーションの約9割は，言葉以外の表現で成り立っているという調査があります。つまり，子どもが自分に関心を寄せてもらった（注目された）と感じるのも，教師の「表情・態度」「声のトーン・速さ」などが決め手となっているのです。不適切な行動を改めさせようとして，不機嫌な声で，怒ったように，早口にまくし立てると，子どもは言葉の内容を理解するより，注目をもらえたと理解してしまいます。だから，「不適切な行動」に対しては，感情を込めずに淡々と指導をするのがよいのです。ポイントを述べます。

わたしメッセージで伝える

　①目の前の事実，②その場合の影響，③私の気持ちを，3部構成で伝えます。頭の中で3つに整理してから話すと，冷静になることができます。

　伝える時は，淡々と話します。自分の感情を，感情的にならずに語るのです。

（例）
　（事実）　「今日も忘れ物をしてきましたね」
　（影響）　「忘れ物をすると授業が計画通りに進みません」
　（気持ち）「このようなことが続くと，先生，とても嫌な気持ちになります」

決められた約束を体験させる

　あらかじめ，「～をしたら～をする」と，**不適切な行為をした場合の約束事を決めておきます**。例えば，家で宿題をやってこなかったら長休みにやる，1時間に同じことを3回注意されても行動を変えなければ，教室を出てクールダウンするなどという具合です。罰とは違うことに留意します。

そして，その場になったら約束事を淡々と行います。手順は次の4つです。

淡々と行うためのポイント

(1) 約束事は事前に決めておく（その場で考えるものはダメ）。
(2) その場になったら，決められている約束事をすぐ実行する。
(3) 子どもの反応（甘える，泣く，怒る）は，無視する。
　　（計画的無視というスキル）
(4) 実行する時に余計なことは言わない。
　　（「約束だから仕方ないでしょ！」等を教師が言わない）

　はじめに約束をしてあるからといって，実際にその場でどのような行動をとるかは，子ども自身にかかっています。「約束だから従う」こともあるでしょうし，「甘えて約束を反故にする」こともあるでしょう。

　残念ながら，これらの結末に教師が責任をもつことはできません。しかし，子どものとった行動に対してどのような接し方をするかは，教師に決めることができます。約束の履行を迫り，子どもが選んだことに対する結末をしっかりと体験させるのです。

　アドラー心理学では，子どもの行動に必要以上に怒ったり嘆いたりするのは，教師が子どもの責任を引き受けていると考えます。むしろ教師の行為は，「あなたは一人では何もできない未熟な人間なのよ」とバカにしていることなのです。

　「自己決定・自己責任」を子どもにもたせるような関係づくりは，「自尊心」を高める最も効果のある方法だと思います。

＜問題解決アプローチの参考になる本＞
1) 森俊夫『先生のためのやさしいブリーフセラピー』ほんの森出版
2) 森俊夫・黒沢幸子『解決志向ブリーフセラピー』ほんの森出版
3) 森俊夫『"問題行動の意味"にこだわるより"解決志向"で行こう』ほんの森ブックレット

📖 研修ノート4 •

アクションにつながるアセスメントの [ポイント3]

✓ 「人格」でなく,「行動(スキル)」をみる

　子どもの性格ではなく,目の前で起こっている「行動」をみつめます。そして,行動は,すべて学習して身につけたものだと考えます。ソーシャルスキルの考え方です。

解釈しないで子どもを見る

　われわれは,目の前の子どもをつい解釈しがちです。休み時間,一人で本を読んでいる子どもを「友達がいない子ども」,目つきの悪い子どもを「生意気な子ども」などとアセスメントします。しかし,それは事実でしょうか。

　友達はいるけど本が好きだったり,ただ目が悪いだけかもしれません。解釈の部分を切り離し,目の前の事実だけをみるということは大事なことです。

行動は変えられる

　子どもの行動を,人格や性格と関連づけてとらえると,関係づくりのアクションが起こしにくくなります。例えば,「あの子は,引っ込み思案な性格で授業中に発表しない」と考えると,発表しないのは性格のせいになり,その後に教師がどうかかわっていこうかという関係づくりの思考を停止させてしまいます。

　いっぽう,目の前の子どもの行動が「学習して身についたもの」や「まだ学習していないもの」だと考えれば,「では,学習し直せばいいだけ」ということになり,アクションを起こしやすくなります。

　人格とは別に,修正したい行動(スキル)に注目するのです。そして,適切な行動(スキル)を身につけるにはどうすればいいかを共に考えます。

人格を否定しない

　子どもの不適切な行動に対して,性格や人格としての表現で指導をすると,子どもは自分の存在を否定されたように感じ,教師と子どもの関係が悪くなりま

す。それに対して、目の前の事実（行動）だけを指摘された場合、子どもは自分自身を否定されたような感じを受けません。

例えば、忘れ物を繰り返す子どもに、「また忘れたのか。君はだらしないなあ」と人格を否定するような言い方ではなく、「今週3回目です。授業の時にこれだけ忘れ物をされると授業が進まなくて困ります」と伝えた方が、子どもは、建設的に物事の解決に取り組もうとします。

（例）行動に注目したアセスメントの例

事実	×　人格に注目したアセスメント ○　行動（スキル）に注目したアセスメント
机の中が整理されていない	×だらしない ○机の中に道具を揃えるスキルが身についていない（スキルの未学習）
自分の意見を聞いてほしいと教師のそばに来る	×幼稚 ○同学年の友達とのコミュニケーションのスキルに不十分なところがある
口数が少ない	×おとなしい ○自分から話をするスキルが身についていない
意見が通らないと叫びながら物を壊す	×よくキレる ○自分の感情を操作するスキルが身についていない
自己主張が強く、友達から受け入れられない	×わがまま ○適切に自己主張するスキルが身についていない
教師に問われると嘘を言う	×嘘をつく ○事実と違うことを言って身を守るスキルを身につけている（スキルの誤学習）
教師の前で、自分の言葉で話す	×しっかりしている ○場と相手に適した言葉で自分の意見や感情を伝えるスキルを身につけている

＜ソーシャルスキルトレーニングの参考になる本＞
1）國分康孝監修，小林正幸・相川充編『ソーシャルスキル教育で子どもが変わる　小学校』図書文化

> 研修ノート5 ・・・・・・・・・・・・・・・・・・・・・・

アクションにつながるアセスメントの［ポイント4］

✓ ゴール設定（行動課題）は適切か

　われわれは，日常的に子どもとたくさんの約束をします。約束には，子どもの行動課題を確認するためのものが多くあります。子ども自身が「こうなりたい」，あるいは教師が「こうなってほしい」と願う，「めざす姿（ゴール）」を達成するための方法を決める作業です。

　しかし，このような約束を交わす関係づくりが，ことごとく裏目に出ている場合があります。

高すぎるゴール

　子どもに「高すぎる行動課題」を設定している場面をよくみかけます。もっと言えば，いきなり「めざす姿」を子どもに約束させているのす。これでは，失敗して約束が守れないことは目にみえています。

　例えば，もじもじしている子どもに，「もっと勇気をもって自分の意見を言ってごらん」とか，忘れ物を繰り返す子どもに「家に帰ったら，すぐに自分で確認してカバンに入れなさい」などは，高すぎる行動課題の例です。このようなスキルをすぐ身につけられるなら苦労はしていません。すぐにはできないから困っているのです。

　しかし，先生にこのように言われたら子どもは「ハイ」と言います。そして，また同じことを繰り返します。そして，失敗した時には，「前にも言ったでしょ！」と先生に言われてしまいます。こうして子どもは失敗経験を繰り返し，「どうせ僕なんか……」と自尊心が下がり，一生懸命に反抗的な態度や無気力な態度で自分の苦しい気持ちを表しながら，それを自己防衛のスキルとして身につけていくのです。

スモールステップで

　ここで大事なのは，「めざす姿」と「今，取り組む行動課題」を区別すること

です。子どもにとって「めざす姿」はとても高いところにあるのです。

例えば，さきほどのもじもじしている子どもに対しては，次のように行動課題を設定します。

（例）
× 「この次は，もう少しがんばって自分の意見を言ってごらん」
○ 「うまく言えない時は，言いたいことをまず紙に書いてごらん」
「どんなふうに言うのか先生と練習しようか。先生が相手役をやるよ……。」

「めざす姿」に近づくためにはどんな方法があるのか，ハードルを下げて行動課題を考えてあげるのが，教師の腕のみせ所です。

行動課題を決める時の3つのポイント

(1) **すぐできそうなこと**
　　（めざす姿）　　　　　　　（行動課題）
　例　笑顔で周りと会話ができる　➡　朝，起きたら鏡の前でニッコリする

(2) **より具体的であること**
　　（めざす姿）　　　　　　　（行動課題）
　例　友達にはやさしくしよう　➡　命令口調でなく呼びかけ口調で話す

(3) **肯定的であること**
　　（めざす姿）　　　　　　　（行動課題）
　例　きつい言葉を使わない　➡　2時間目までは相手を喜ばせる言葉を使う

＜ゴール設定の参考になる本＞
P.93の文献を参照。

第6章

データでみる変化

第1節

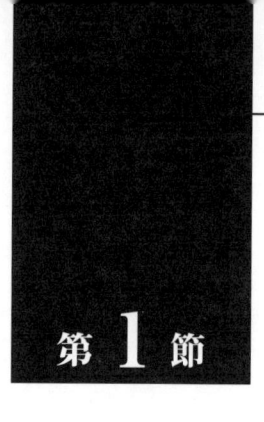

学校全体の結果

　愛国小学校では，年に2回，アセスメント3点セット（①Q-U，②児童理解表，③支援別表）を行い，子どもの不適応（関係のズレ）をなくすための取り組みを，学級経営を中心に進めてきました。また，そのような学級経営を支える校内体制づくりを行いました。だれもが動けるシステムづくりを大切に取り組んできた結果，子どもを理解するための視点が教師間で共有され，学校全体の取り組みがレベルアップしてきたと感じています。

　本章では，子どもたちや学校に生じた変化を，平成18年度のデータをもとに振り返ってみたいと思います。

各学級の変化

　Q-Uの結果から，各学級の学級生活満足群の割合を調べ，学級数を表したものがグラフ1です。グラフからは次のことがわかります。

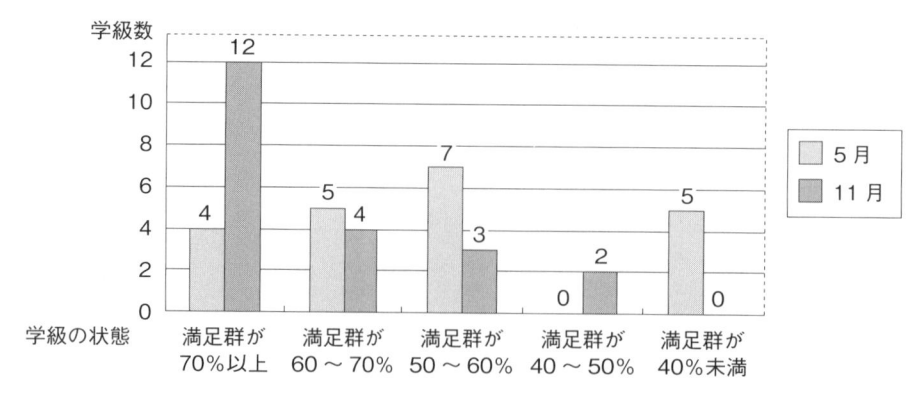

学級の状態	満足群が70％以上	満足群が60〜70％	満足群が50〜60％	満足群が40〜50％	満足群が40％未満
5月	4	5	7	0	5
11月	12	4	3	2	0

グラフ1　各学級で満足群にプロットされた子どもの割合

①学校全体として満足群の子どもが多い

愛国小学校では，学級の70％以上が満足群に位置することを一つの目標に取り組んできました。その結果，11月には多くの学級で目標を上回りました。満足群の全国平均は約40％ですから，とても高い水準を達成できたといえます。

②満足型の学級が多い

学級開き後の5月に比べて，11月ではどの学級でも満足群が増えています。これは，5月のQ-Uの結果に基づいて，各学級で行った個人面談や学級経営の見直しなどのアクションが，実を結んだ結果だと考えられます。

また，グラフ1から読み取ることはできませんが，各学級の集団としての状態を分析してみると，11月には満足型の学級（Q-Uのプロットで分散が右上にまとまっている学級）が増えていました。満足群の子どもの割合が増えただけでなく，承認得点や被侵害得点のばらつきが減少し，支援ニーズの高い子どもたちも満足群に近い位置に変化してきています。

1次支援の子どもの変化

さらに愛国小学校では，生活1次支援児の割合が学級の65％以上で，その子どもたちの70％以上が満足群であることを，学級経営が適正に行われている一つの指標と考えました。つまり，集団生活に適応できるはずの子どもたちの満足度が低いようでは，学級経営の最低限の目標が達成できていないと考えたのです。

グラフ2は，その結果を表したものです。

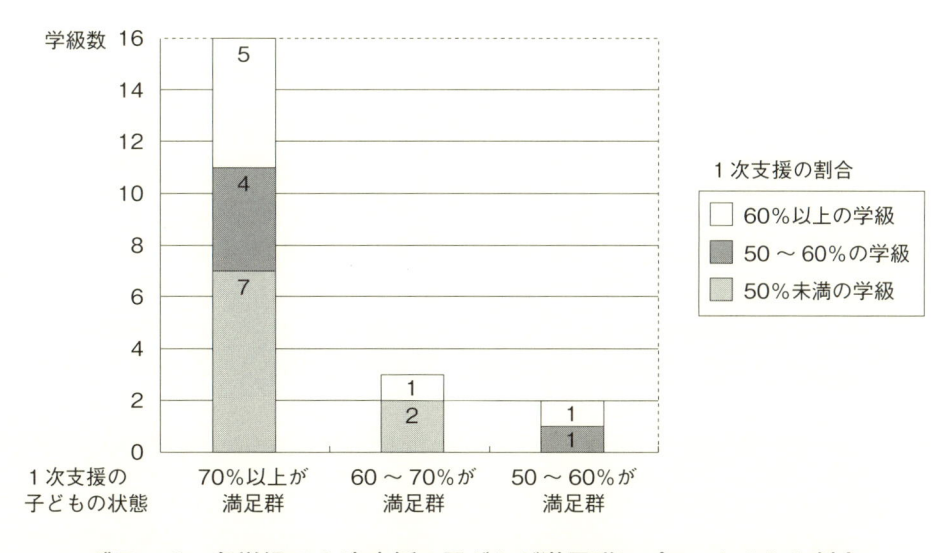

グラフ2　各学級で1次支援の子どもが満足群にプロットされた割合

①生活1次支援児に占める満足群の割合

多くの学級で、生活1次支援の子どもの70％以上が満足群に位置しています。学級経営の目標が、ある程度達成できていると考えられます。

②生活1次支援児の割合

生活1次支援の子どもの割合は、目標の65％を下回っている学級が半数以上となっています。65％という基準は、これを下回っては担任1人の体制による学級経営がむずかしいという考えから設定されました。しかし、実際には多くの学級で担任1人の体制による学級経営が成り立っていることから、愛国小学校で決めた共通尺度の基準が厳しすぎることが一つの理由として考えられます。

一方で、基準を見直すだけでなく、教師のかかわりによって、生活1次支援の子どもは増やしていくことが可能だと考えられます。ルールの決め方や行動課題の設定の仕方を見直し、子どもがルールを守って自分で行動できるような関係づくりをしていくことで、1次支援の子どもは増やしていくことができます。

支援別表によるアセスメントの変化

支援別表で、各支援レベルに判定された子どもの人数が下の表です。

7月 共通尺度なし

(学習面)

	3次	2次	1次	
1次	10人 (1.4%)	80人 (11.2%)	338人 (47.3%)	428人 (59.9%)
2次	21人 (2.9%)	112人 (15.6%)	86人 (12.0%)	219人 (30.6%)
3次	28人 (3.9%)	25人 (3.5%)	14人 (1.9%)	67人 (9.3%)
(生活面)→	59人 (8.3%)	217人 (30.4%)	438人 (61.3%)	

11月 共通尺度あり

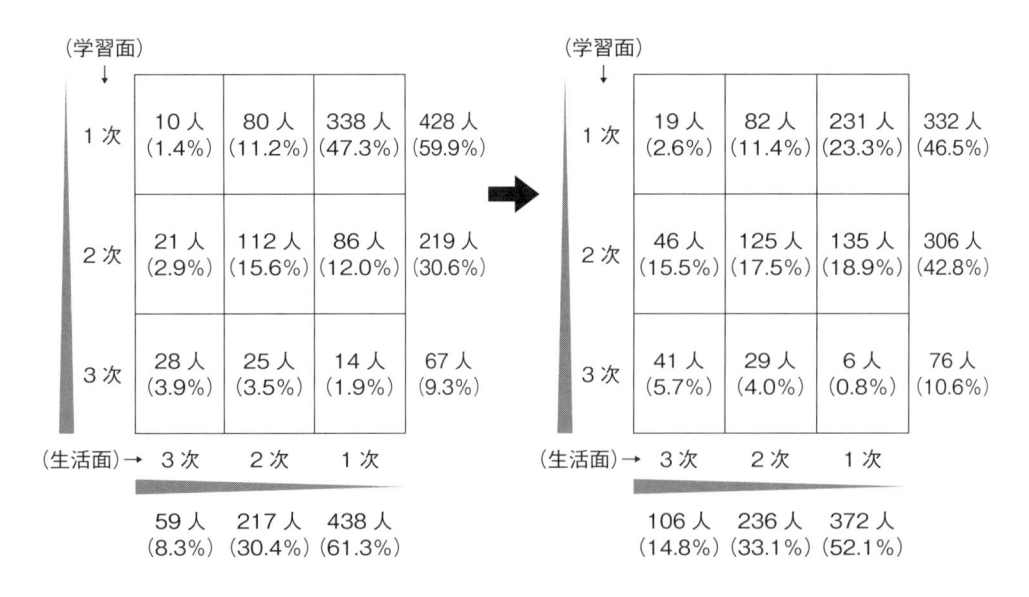

(学習面)

	3次	2次	1次	
1次	19人 (2.6%)	82人 (11.4%)	231人 (23.3%)	332人 (46.5%)
2次	46人 (15.5%)	125人 (17.5%)	135人 (18.9%)	306人 (42.8%)
3次	41人 (5.7%)	29人 (4.0%)	6人 (0.8%)	76人 (10.6%)
(生活面)→	106人 (14.8%)	236人 (33.1%)	372人 (52.1%)	

①アセスメント結果が大きく変化
　7月は各教師の主観で，11月は共通尺度をつくってアセスメントを行ったため，結果が大きく違ったものになったと考えられます。またそれだけ，7月時点では教師による子どもの見方のばらつきが大きかったことが考えられます。

②1次支援児の人数が減少し，3次支援が増加
　子どもの支援レベルが急激に変化したということではなく，共通尺度をつくる過程で全体的にアセスメントの基準が厳しくなったために，3次支援の子どもが増えたと考えられます。また，子どもをみる目が細やかになり，それまで支援の必要性がないと考えていた子どもたちに対しても，よりよくなるための支援の必要があるという気づきが生まれた結果だと考えられます。

教師の変化

　以下のアンケート結果を見ると，校内の先生方がシステムをおおむね好意的に受けとめていて，さらに改善をめざそうとしてる姿がみえてきます。

　また，子どもを単純に評価したり，ただ業務をこなすだけの形式主義に陥る危険性へ警鐘を鳴らす意見もあります。「なぜ，このような取り組みをするのか？」という意義と目的を常に確認しながら進めていく必要を改めて認識します。

愛国小学校の教師のアンケート結果の一部から（平成18年3月）

1．Q-Uと個人面談について
・児童個人や学級の子ども集団をとらえるうえで役に立った。
・面談することで改善をめざすことができた。
・Q-Uや面談をすれば，学級や個人を判断していけると思うと危険。

2．支援別表・支援別表作成の際の共通尺度づくりについて
・どの先生も同じように子どもをみとることができてきたように思う。
・学年で話し合う機会が増え，学年全体で学年の子どもを指導するようになった。
・共通の尺度は毎年の見直しが必要。また，系統化も必要では。
・細かくみてる人と雰囲気でつけてる人がいる。手立ての交流が必要。

3．個別支援シートについて
・書くことでみえることもある。行動することが明確になってよい。
・担任が変わっても支援の必要な子どもの理解ができてよい。

4．教師の行動課題（重点目標）について
・本当に基本的なこと。共通の基盤に立っているということでよいと思う。

第2節

ある学級の変容例

　生活1次支援の子どもたちへのかかわりから始めて，学級集団の状態を高めていくことで，特別支援教育の必要な子どもの問題行動（二次障害）を減らし，効果的な支援につなげた学級の変化を紹介したいと思います。

学級開き後の様子
　入学時から問題がたえない学年で，いつも騒がしく指導が大変な学級です。生活3次支援ととらえている子どもが10名いて，そのなかに特別支援教育が必要と思われる子どもが5名います。
　担任がいちばん問題に感じていることは，粗暴な態度をとる男児（⑤）の行動です。周囲の子どもたちは困っており，トラブルが起きるたびに，担任は毎日のように個別指導を行っています。
　担任は，男児の気持ちを汲み取りながら正しいスキルを教えていくという方法を取っています。男児は担任の言うことには耳を傾け，見ている範囲では行動を控えていますが，担任の見えないところでは粗暴な態度を取ることが続いています。そのような男児に厳しいことを言う子どももおり，それに対して男児がキレるというパターンで，よい方向には向かっていません。

担任の目から見て発達障害の特徴を備えていると思われる子ども
　①児：感情を抑えれない。落ち着きがなく気分にすごくムラがある。
　②児：感情表現が激しい。じっとしていられない。調子に乗りやすい。
　③児：LDの疑いがある。勉強が苦手で，集団の中心になりたがる。

④児：保育園で AD/HD の診断を受けている。アスペルガーの傾向もある。
⑤児：きつい言葉，威圧的な表情・態度で，暴力などを繰り返す。

支援別表によるアセスメントの結果

(学習面)

	3次	2次	1次	
1次	男児3人 女児1人 C−1	男児1人 女児1人 B−1	男児2人 女児6人 A	
2次	男児1人 女児2人 E−1	男児1人 女児2人 D	男児1人 女児3人 B−2	
3次	男児1人 女児2人 F	男児2人 女児1人 E−2	なし C−2	

3次　　　2次　　　1次　（生活面）

第1回 Q-U の結果（5月）

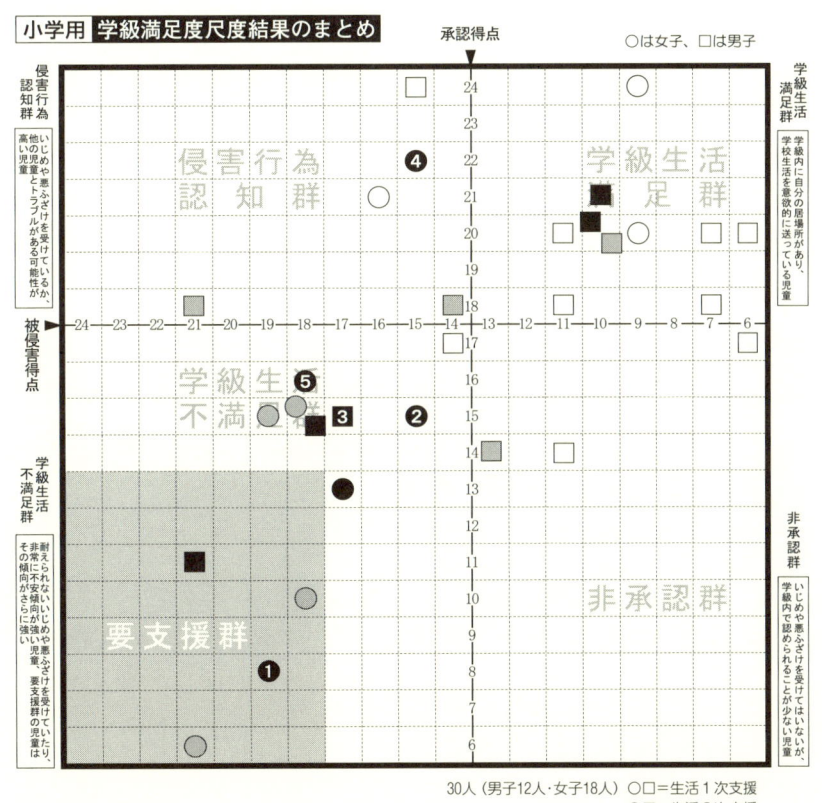

小学用　学級満足度尺度結果のまとめ

30人（男子12人・女子18人）　○□＝生活1次支援
　　　　　　　　　　　　　　　　　　⊙▣＝生活2次支援
　　　　　　　　　　　　　　　　　　●■＝生活3次支援

指導計画

●個人面談

　学級全員との「個人面談」を実施。Q-Uの結果をもう一度聞きながら，子どもの思いを受け取り，行動課題を探りました。

●学級指導

　⑤児の粗暴な行動を受けて，嫌な思いをしている子どもが多かったので，学級がもっと楽しく穏やかに過ごすための作戦として，⑤児とのかかわり方を話し合いました。その結果，次の５つの手順を確認し合いました。

> (1) まず「やめてほしい」ということを伝える
>   ➡ とにかく気持ちを伝える。
> (2) 行動をやめなかったらその場から離れる
>   ➡ 言い合いをしない。
> (3) 担任に事実を伝えに行く
>   ➡ 担任が「どうしてほしいか」を聞いて対応する。
> (4) 行動が変わらなかったら，教頭先生にアイデアをもらいに行く。
> (5) それでもダメなら，⑤児の家庭にアイデアをもらいに行く。

●個別指導

　⑤児に対しては，「キレるのをやめよう」という約束でなく，「注意されて，やめれたらやめよう」「謝れたら謝ろう」という内容の約束にしました。

　いっぽう，⑤児がキレるのをやめたり謝ったりした時には，周りは「ありがとう」などと言う約束をし，⑤児を認める関係づくりの作戦を立てました。特に生活１次支援の子どもと教師の会話を増やし，協力してもらえるようにお願いしました。

指導に対する子どもたちの反応

　指導を始めてまもなくは，相変わらず⑤児のキレる行動が続いていました。しかし，周囲の子どもたちは，頼りにされることへの満足感からか，教師との約束をしっかりと守ってくれて，⑤児に振り回されることが少なくなりました。それにともなって，⑤児がキレる回数は，どんどん減っていきました。

　学級集団が落ち着いていくのと同時に，特別支援を必要とするほかの子どもたちの行動にも落ち着きが出てきました。

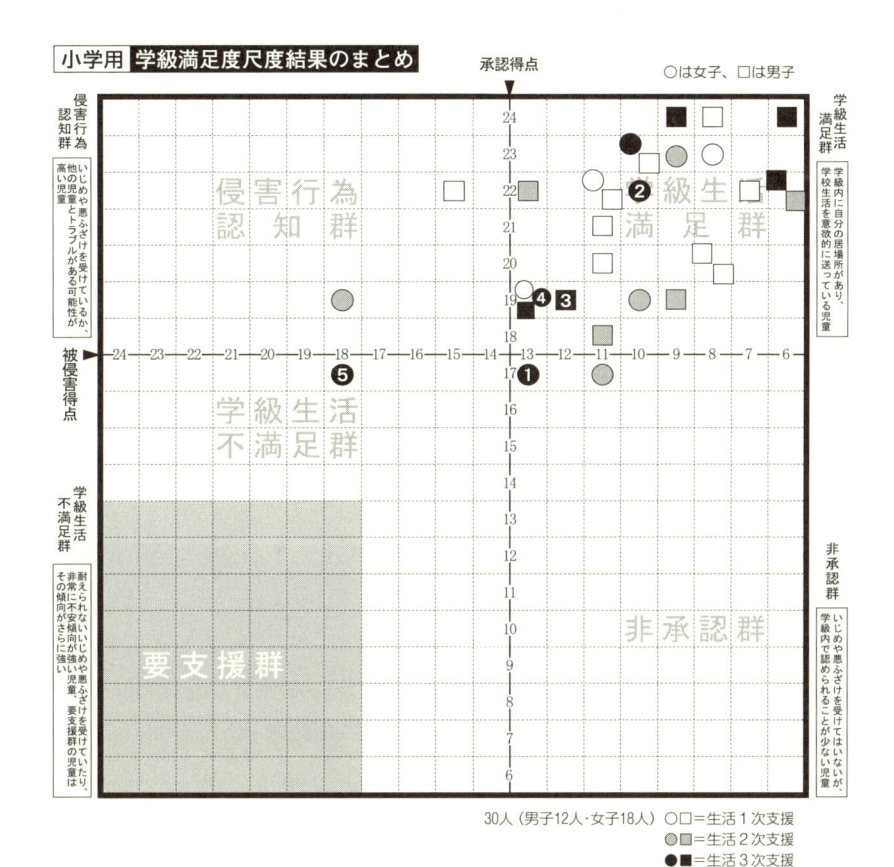

第2回 Q-U の結果分析（11月）

成功のポイント

　担任ははじめ，特別支援を必要とする子どもたちへの個別指導を繰り返していましたが，教師がいないところでのトラブルはなくならず，"いたちごっこ"が続きました。そこで，視点を変えて，周りの子どもたち（特にルールを守っている生活1次支援の子どもたち）との話し合いを増やし，⑤児とのかかわり方を行動課題として設定しました。これが，不適切な行動に影響されない集団づくりにつながり，もともと判断力の高い生活1次支援の子どもを中心に，トラブルに発展しない関係づくりのスキルが学級全体に浸透していきました。

　校内体制としては，担任は学級集団の指導に力を入れ，特別支援を必要とする子どもへの個別支援は，教頭や担任外の教師がサポートするという役割分担を明確にしました。

第7章

各学校が乗り越えるべき
ポイント

第1節

特別支援教育の推進が
うまくいかない学校の問題点

　本書で取り上げた愛国小学校のように，日常の学校活動のなかに特別支援教育がとけ込み，すべての子どもたちの学級生活の満足感を高めるような効果につなげるためには，次の3つのポイントを学校全体でクリアする必要があります。

　1）特別支援教育を推進させる学級経営の展開
　2）チーム支援をするための校内体制の確立
　3）1）と2）の統合したシステムの確立

　そして，上記のポイントをすこしでも効率よく達成するためには，次の5つの条件を同時に実行していくことが求められます（以上，第1章参照）。

　①学級内のすべての子どもの個別支援レベルを把握する
　②学級集団の状態・一斉指導の必要量を把握する
　③集団育成の基本的な方法と，状態に応じたアレンジの仕方をもつ
　④チーム対応ができるように校内の校務分掌の役割分担をする
　⑤実際に行動できる体制づくりを進める

　しかし，これらを達成できている学校はごくわずかです。うまくいっていない学校の代表的なパターンとして，次の3つがあります。

　1　一部の教師たちだけが取り組んでいる
　2　教師たちが個々に取り組んでいる
　3　校内の教師たちが疲れてしまっている

　各学校の問題を一つずつ具体的に考えてみましょう。

1 一部の教師たちだけが取り組んでいる

どんな学校か

　特別支援教育の対象として意識されている子どもが少なく，学校全体で特別支援教育を推進していくことの必要性に対する意識が低い学校です。

　「特別支援教育コーディネーター」は，地区の教育委員会の指導のもと，養護教諭や教育相談担当などに校内の役割として位置づけられています。しかし，これらの先生は，他の校務分掌の仕事もたくさん抱えており，必要な問題が起これば活動する，教育委員会から送られてくる特別支援教育に関する冊子や資料を回覧する，年に1，2回外部講師を呼んで啓発的な教員研修会を開催するなど，単発的な取り組みにとどまっています。

　通常学級で特別支援教育を推進する5つの条件は，どれについても学校全体では取り組まれていません。頭では必要性を感じていても，切迫感のない教師が多いのだと思います。一部の教師だけが，必要に迫られて，特別支援が必要な子どもへの支援内容を検討し，学級での取り組みを行っています。そこへ，必要に応じて「特別支援教育コーディネーター」や学年団が協力するという形です。

　担任教師は，とても忙しい状況に陥っています。個別支援に追われたあげく，ほかの子どもたちへの一斉指導が不十分になり，学級が荒れてさらに大変な状況になる，などの例がとても多くあります。

うまくいかない理由

　大きな問題が起こっていないのだから，とりあえず「現状維持でよい」「例年通りでいこう」という雰囲気の学校では，特別支援教育以外の教育実践の成果もやや低調になっているのではないでしょうか。そのことに，学校全体で危機感を感じていないことは，残念なことです。「教師の困り感が少ない＝子どもたちに問題がない」ではありません。大きな問題が起こってから右往左往する前に，余裕があるときに先手で校内のシステムを構築しておくことが大事でしょう。

　まずは，学校全体での意識の転換が必要です。「特別な支援が必要な子どもがいたら取り組む」という発想から，「すべての子どもたちに対して，把握した支援レベルに応じて，一人一人の子どもに見合った支援をしていく」という発想に切りかえていくことが求められます。

2 教師たちが個々に取り組んでいる

どんな学校か

　特別支援教育の対象として意識される子どもがそれなりにいて，学校全体で取り組む必要性については共通理解が進んでいるのですが，基本的な対応方法が確立していない学校です。

　生徒指導全体会などで，子どもの様子とその支援内容を報告し合ってはいるものの，取り組みは担任がそれぞれに行っています。そこへ，ケースバイケースで担当教師が入ってサポートしています。担任間の取り組みに温度差が生じやすく，かえってチーム連携をできにくくしてしまっている原因となっています。

うまくいかない理由

　学校の取り組みレベルごとに，もう少し詳しく考えてみましょう。

＜１期＞　共通理解のためのチェックリストを用いていない

　「個々の子どもが必要としている支援のレベルや内容」について，教師間で共通理解がもてない場合です。校内で共通のチェックリストを用いていないことが原因だといえるでしょう。それぞれの先生の見方がバラバラなので，話題にのぼっている子どもについての共通理解が広がらず，支援方法の共有化も進んでいかない段階だといえます。

　情報交換の場で，担任教師はそれぞれの大変さを自分の言葉で語ります。そのため発表時間は長引くのですが，周りに伝わるのは「○○先生も大変なのだ」という感情面が中心になってしまいます。各担任の大変さは共有できたものの，そこから具体的な行動に結びつかないのです。結局，「みなさん大変でしょうが，子どものためにがんばりましょう」という司会のまとめの言葉で終わり，個々の担任教師がそれぞれに孤軍奮闘することになります。

　このパターンの学校は，通常学級で特別支援教育を推進する５つの条件の①の段階から不十分なのです。

＜２期＞　学級集団の状態が考慮されていない

　個々の子どもが必要とする支援のレベルや内容については共通理解が進んでいますが，「学級集団の状態」に関する共通理解が不足している場合です。そのため，各教師の本当のたいへんさがほかの教師に伝わらないのです。

よくある例として，「昨年はX君の対応をA先生が1人でやれていたのに，なぜ今年の担任であるB先生はできないのか」ということがあります。

昨年のA先生が1人で対応できたのは，指導力の問題だけでなく，学級集団の状態が良好で，その中で余裕をもってX君の個別支援が行えたという面が強いと思います。今年担任したB先生の場合は，学級集団の状態がそこまで良好ではなく，現状では一斉指導の中にX君の個別支援を位置づけるのがむずかしいということなのです。X君を含めた学級の状況が違うのです。

それを，「X君の個別支援は1人でできるはずだから，1人でやるべきだ」と周りから言われてしまうと，B先生は立つ瀬がありません。「担任教師1人でできるのか，できないのか」という議論に終始しては，むなしいものがあります。

また，何でも各担任の指導力に帰属させる状況は，教師間の不協和音を生む原因になりがちで，チーム連携を進めるうえでもとてもマイナスになります。

このパターンの学校は，通常学級で特別支援教育を推進する5つの条件の②の段階から不十分なのです。

＜3期＞ 個別支援と一斉指導を統合する学級経営の方法論がない

「個々の子どもが必要とする支援のレベルと内容」「学級集団の状態」の両方について校内の共通理解が進んでいるのですが，それらを踏まえた学級経営の方法について検討ができておらず，困っている場合です。担任教師は，個別支援と一斉指導の必要性のそれぞれを痛感しているのに，うまく統合して対応する方法が見つからず，とてもつらいのです。

学級集団育成の基本的な方法論と，それを学級集団の状態に応じてアレンジする仕方について校内研修会をもち，学年始めや学年末，夏休みなどに，時間をかけて確認することが必要です。

また研修を行うだけでなく，学年団などで，具体的な学級の事例を用いて定期的に対応方法と効果を確認し合うことが不可欠です。ここの部分はとても重要で，次の2点はその学校の教育実践の成果を大きく左右します。

○校内研修を活用して全教師が一定の力量まで高まることができるかどうか
○チームでアドバイスし合う体制がとれているか

このパターンの学校は，通常学級で特別支援教育を推進する5つの条件の③の段階から不十分なのです。

3　校内の教師たちが疲れてしまっている

どんな学校か

　通常学級で特別支援教育を推進する5つの条件のうち，①②③はすでにできていて，一定レベル以上の取り組みができている学校です。取り組んでいる内容はすばらしく，先生方も熱意をもってやられていますが，一人一人の教師の仕事量は多くなっています。

　特別支援教育の対象となる子どもが少ない場合は，それでも十分うまくやっていくことができるでしょう。チーム支援でも，サポートの必要な学級に入る教師を余裕をもって配置することができ，よい展開ができます。校内のシステムを大きく変えなくても，従来の体制に特別支援教育関係の役割を加えることで何とかなります。

　しかし，特別支援教育の対象となる子どもが多く，「○○さんをサポートするチーム」が10チーム前後もでき，すべての教師が複数のチームを掛け持ちして活動しなければならないような場合は，すぐに行き詰まってしまいます。教師たちは徐々に疲れ，時間とともに教育実践そのものが徐々に低下していきます。

　教師も生身の人間ですから，体が疲れてくると，取り組む意欲も徐々に低下してきてしまいます。そこに「さあがんばりましょう」と発破ばかりかけられると，燃えつきる教師も出始めます。

　チーム支援をするための校内体制をきちんと組織化できていない学校です。現在，このような学校が急速に増えています。

うまくいかない理由

　校務分掌などの校内のシステムは従来のままにして，「このような取り組みが必要だ」といわれるたびに，新たな役割をつけ足すように次々と設置していくと，教師一人一人の仕事量は肥大化していきます。各校務分掌内の役割も整理されないまま複雑になっていき，組織としての効率も悪くなっていきます。何をどのような優先順位で，どこまで取り組めばよいのかという見通しがもてないと，多忙感は急速に増大します。先のみえないエンドレスの取り組みは，教師の意欲を低下させ，徐々に，目先の取り組みをこなしていくという流れになっていきます。開発的・予防的な取り組みは，「時間ができたら取り組もう」という雰囲気

になりますが，時間などできるはずもなく，どんどん後退してしまうのです。特別支援教育を推進していく取り組みも，その中に入ってしまいます。

つまり，このパターンの学校は，通常学級で特別支援教育を推進する5つの条件の④，⑤が不十分なのです。

4 教員組織の構築のポイント

大きな問題はないが教育水準が低水準になっている学校，教師たちが疲れきってしまっている学校は，まずは下記の2点の点検からスタートすることが大事でしょう。

○校内の作戦会議が機能しているか
○校内の組織体制が機能しているか

同時に，似たような条件で効果をあげている学校の取り組みの情報を集め，モデルにするのも効率的な進め方だと思います。

詳細については，河村茂雄・粕谷貴志著『公立学校の挑戦』(図書文化)を参照してください。

第2節

校内組織・システムの改革の必要性

子どもたちの多様な支援ニーズの増加

　教室に子どもたちを集め，子どもたちにとっての小さな社会である学級で，一定のルールのもとで子ども同士を相互にかかわらせながら，集団生活や集団活動を通して，一人一人の人格を育成することは，学校教育の大きな使命です。このような流れの中で，子どもたちは，学力，社会性，ソーシャルスキルをトータルに身につけていくのです。

　「学級集団」を単位として，「トータルに」教育実践を展開していくところに，日本の教育の特徴があります。しかし現在，子どもたちを一つの教室に集め，一人一人の多様性に応じながら，集団生活や集団活動を展開させていくことはむずかしくなっています。

　いまの学校教育の問題を生んでいる大きな背景の一つに，多様な内容・レベルの個別支援を必要とする子どもたちが増加していることがあげられます。通常学級における特別支援教育の推進も，この延長線上にあると位置づけることができるでしょう。

学級集団の問題がすべての根底に

　学級集団を単位として，子どもたちの心，学力の定着の教育をトータルで推進していくためには，子どもたちの多様性に配慮しながら，集団生活や集団活動を展開させていくことが必要です。

　しかし，さきに述べたように，子どもたちの個別支援のニーズは増加し，多様化しているため，生活集団であり，学習集団・学習環境である学級集団の状態

を，教育的な環境に維持していくことはむずかしくなっています。そこへの対応が不十分なままに，いろいろなことに手をだしても，学校教育全体の教育効果は少ないと思います。学級集団への対応こそが，必要条件です。

「いじめ」「不登校」「学力」「特別支援」などの問題も，それぞれが独立しているのではなく，相関が高く，相乗的に悪化していきます。そして，それらの最大公約数となる要因の中心に，「学級集団の問題」があるのです。

そのことを曖昧にしたまま，新たな問題が起こるたびに，「教育委員会で指導を受けたから」「世間で大事と言っているから」と，検討もせずに，あれもこれもと新たな内容をどんどんつけ足していくやり方が横行しています。これでは，取り組む内容が漠然としたまま膨大になっていって，すべてが中途半端になってしまいます。形だけを整えたものに堕してしまいます。

チーム支援を前提にした学校体制の必要性

教育的な学級集団の育成は，もはや学級担任1人にすべてを任せられるものではなくなっています。校内の教師たちの知見を集めて学校全体で計画し，（定期的に評価をしながら），各教師が一つ一つの学級を担当するという展開が強く求められています。前提はあくまでも「チーム」で，そのもとで一つ一つの学級経営にかかわっていくという意識の転換が求められるのです。

このような展開を支えるためには，校内の教員組織，時程やカリキュラムの配置の工夫など，大きな改革が必要になります。それぞれの学校の子どもたちの実態，教師たちの実態に応じて，取り組むべき優先順位をきちんと整理して，展開していくことが大事なのです。

例えば，校務分掌の改革の例としては，①特別支援教育の推進に特に力をいれるために，研究推進部が特別支援教育推進の役割を担う，②すべての子どもの支援レベルと支援内容を把握して対応する中に特別支援教育を位置づけ，生徒指導部が中心的に推進していく，などが考えられるでしょう。

また，時程やカリキュラムの配置の工夫の例では，①子どもたちだけが教室にいる時間をつくらないように，教師の打ち合わせを子どもたちが下校した後に実施する，②少人数指導を取り入れてグループ分けを行う，その時間帯を大胆に改革する，なども求められるでしょう。

組織改革は必須

　以上からもわかるように，通常学級で特別支援教育を本格的に実施していくためには，校務分掌，時程やカリキュラムなどに関する改革を避けて通ることはできません。このような改革を伴って初めて，特別支援が必要な子どもも含めたすべての子どもたちの学級生活の満足感を高めたり，すべての子どもたちに応じた学習が保障できたりするのだと思います。まさに，各学校の教師集団の組織力が問われているのです。

おわりに

　ここ数年，保護者を対象とする講演や研修会の依頼を受けることが増えました。そのときに，必ずといってよいほど「どうしてこんなに先生のあたりはずれがあるのですか？」という意見が参加者から出されます。

　あたりはずれとはどういうことか，内容を細かく聞くと，「先生の個性や経験の差があるのはわかるが，子どもへの対応の差が違いすぎる」「学校ではどんな確認をしているのか」「校長はちゃんと指導しているのか」と迫ってきます。

　この意見は的を射ており，われわれ教師は，真摯に耳を傾けなくてはいけないと思います。これからの学校は，「説明責任」を今以上に問われるようになるのは明らかです。

　河村茂雄先生との出会いは，この「説明責任」の大切さというものを再認識するものでありました。論理の根拠となるデータを示しながらの明確な説明と，「ではどうすればよいのか」という行動指針を示すその姿は，相手を納得させ，モチベーションを高めます。これは，まさに教師に求められている資質だと思います。

　今回，愛国小学校では，河村先生の理論をもとに実践を重ねてきました。実践の成果は，「Q-U」の結果を通して，学校全体の変化としてみてとっていただけるものと思います。

　平成19年度から「特別支援教育」が実施されました。まさしくこの取り組みでは，教師同士の共通理解や対応の一貫性が問われています。これにこたえるためには，学校としてどのような考え方でどのように取り組んでいくのかという「システム」を明確につくっていかなくてはなりません。そのうえで，組織を見直しより動きやすいものにしていくことが必要です。

　特別支援教育は，教師個々の資質だけでなく，「チーム支援」をどう確立するかという学校経営のあり方が問われています。

　毎年，同じ反省事項が出る分掌会議，仕事量と人数があっていない校務分掌な

どをもう一度真剣に見直すことが必要です。思い切ったシステムの変革は，教師の口癖である「忙しい」「時間がない」という多忙感の解消や，子どものことを考える機会を増やすことにつながると思います。

　いろいろと理由をつけて「そのとおりなんだけど難しいねぇ」とするのでなく，「できることから始めよう」という意識を持ちながらまず動き始める行動力が学校現場では問われていると思います。

　最後になりましたが，子どものことを第一に考え，協力・実践してくれた愛国小学校の仲間のおかげで本書が完成したことに心より感謝します。本書のもう1人の執筆者である深沢和彦先生には，編集会議から共にしていただき，愛国小学校のモデルを一般化していくために必要な手続きと考え方を鋭い視点で述べていただきました。私の当を得ない原稿に対して的確な指摘とわかりやすい構成を粘り強くしていただいた図書文化社の渡辺佐恵さんにも感謝します。

　ここで紹介された教育実践の工夫は，一つの例であり各学校の実態に合わせてアレンジされることでよりすばらしいものにしていくことができると思います。本書が，少しでも教育実践の手助けになれることを願っています。

　　平成19年10月

　　　　　　　　　　　　　　　　　　　　　　　　　　　高畠　昌之

著者紹介

河村茂雄（かわむら・しげお）　　第1章，第7章担当

都留文科大学大学院教授。博士（心理学）。筑波大学大学院教育研究科カウンセリング専攻修了。公立学校教諭・教育相談員を経験し，東京農工大学講師，岩手大学助教授を経て，現職。日本カウンセリング学会理事，日本教育カウンセリング学会常任理事。「教育実践に生かせる研究，研究成果に基づく知見の発信」がモットー。著書：『教師のための失敗しない保護者対応の鉄則』（学陽書房），『教師のためのソーシャル・スキル』『教師力』『変化に直面した教師たち』（誠信書房），『学級崩壊予防・回復マニュアル』『ここがポイント学級担任の特別支援教育』（図書文化）ほか多数。

高畠昌之（たかばたけ・まさゆき）　　第2～6章担当

北海道釧路市教育委員会社会教育主事。北海道教育大学釧路校卒業。公立中学校，小学校の教員を経て，現職。NPO日本教育カウンセラー協会上級教育カウンセラー。「子育てについて（母親講座）」「生き方を考える（高齢者講座）」「学級経営・教育相談（教師講座）」等，幅広い分野での講演・講義をこなしている。河村茂雄先生の「地方からの教育実践の発信をもっとすべき」に共感し奮闘中である。

深沢和彦（ふかさわ・かずひこ）　　編集協力およびP.36，P.64分担執筆

南アルプス市立大明小学校教諭。都留文科大学大学院修了。学校心理士。通常学級における特別支援教育の展開について実践と研究を続けている。著書に，『ここがポイント学級担任の特別支援教育』『Q-Uによる特別支援教育を充実させる学級経営』『集団を育てる学級づくり12か月』『学級タイプ別繰り返し学習のアイデア　小学校編』（分担執筆，図書文化），『教師のための失敗しない保護者対応の鉄則』（分担執筆，学陽書房）などがある。

シリーズ　教室で行う特別支援教育5
特別支援教育を進める学校システム
チームで学級経営を支える校内体制づくりの実際

2007年11月25日	初版第一刷発行　［検印省略］
2017年 3 月20日	初版第二刷発行

著　者	ⓒ河村茂雄・高畠昌之
発行者	福富　泉
発行所	株式会社　図書文化社
	〒112-0012　東京都文京区大塚 1-4-15
	Tel 03-3943-2511　Fax 03-3943-2519
	振替 00160-7-67697
	http://www.toshobunka.co.jp/
装　幀	本永惠子デザイン室
ＤＴＰ	松澤印刷株式会社
印刷製本	株式会社　厚徳社

JCOPY ＜出版者著作権管理機構　委託出版物＞
本書の無断複写は著作権法上での例外を除き禁じられています。
複写される場合は，そのつど事前に，出版者著作権管理機構
（電話 03-3513-6969，FAX 03-3513-6979，e-mail: info@jcopy.or.jp）
の許諾を得てください。

乱丁・落丁本はお取り替えいたします。
定価はカバーに表示してあります。
ISBN 978-4-8100-7506-9　C3337

シリーズ 教室で行う特別支援教育

個に応じた支援が必要な子どもたちの成長をたすけ，学校生活を楽しくする方法。
しかも，周りの子どもたちの学校生活も豊かになる方法。
シリーズ「教室で行う特別支援教育」は，そんな特別支援教育を提案していきます。

ここがポイント学級担任の特別支援教育

通常学級での特別支援教育では，個別指導と一斉指導の両立が難しい。担任にできる学級経営の工夫と，学校体制の充実について述べる。

河村茂雄 編著　　B5判　本体2,200円

応用行動分析で特別支援教育が変わる

子どもの問題行動を減らすにはどうしたらよいか。一人一人の実態から具体的対応策をみつけるための方程式。学校現場に最適な支援の枠組み。

山本淳一・池田聡子 著　　B5判　本体2,400円

教室でできる 特別支援教育のアイデア 小学校編 小学校編Part2

通常学級の中でできるLD，ADHD，高機能自閉症などをもつ子どもへの支援。知りたい情報がすぐ手に取れ，イラストで支援の方法が一目で分かる。

月森久江 編集　　B5判　本体各2,400円

教室でできる 特別支援教育のアイデア 中学校編 中学校・高等学校編

中学校編では，授業でできる指導の工夫を教科別に収録。中学校・高等学校編では，より大人に近づいた生徒のために，就職や進学に役立つ支援を充実させました。

月森久江 編集　　B5判　本体各2,600円

特別支援教育を進める学校システム

特別支援教育の推進には，特定の教師にだけ負担をかけないシステムが大切。学級経営の充実を基盤にした校内体制づくりの秘訣。

河村茂雄・髙畠昌之 著　　B5判　本体2,000円

遊び活用型読み書き支援プログラム

ひらがな，漢字，説明文や物語文の読解まで，読み書きの基礎を網羅。楽しく集団で学習できる45の指導案。100枚以上の教材と学習支援ソフトがダウンロード可能。

小池敏英・雲井未歓 編著　　B5判　本体2,800円

人気の特別支援関連図書

Q-Uによる特別支援教育を充実させる学級経営
河村茂雄 編著　　B5判　本体2,200円

学ぶことが大好きになるビジョントレーニング 全2冊
北出勝也 著　　B5判　本体各2,400円

「特別支援外国語活動」のすすめ方
伊藤嘉一・小林省三 編著　　B5判　本体2,400円

K-ABCによる認知処理様式を生かした指導方略

長所活用型指導で子どもが変わる
藤田和弘 ほか編著

正編	特別支援学級・特別支援学校用	B5判　本体2,500円
Part 2	小学校 個別指導用	B5判　本体2,200円
Part 3	小学校中学年以上・中学校用	B5判　本体2,400円
Part 4	幼稚園・保育園・こども園用	B5判　本体2,400円
Part 5	思春期・青年期用	B5判　本体2,800円

図書文化

※本体価格には別途消費税がかかります